Marc : L'Expérience

comment l'évangile de Marc
peut vous aider à mieux connaître Jésus

Andrew Page

VTR

ISBN 978-3-937965-93-2

VTR
Gogolstr. 33, 90475 Nürnberg, Allemagne
info@vtr-online.eu, http://www.vtr-online.eu.

© 2008, Andrew Page

Sauf avis contraire les citations des versets bibliques proviennent de la version L. Segond, révisée 1910.

Traduit de l'anglais en français par Mark McGowan et André Schumm.
Illustration de couverture : Chris Allcock.

Imprimé par Lightning Source, Grande-Bretagne.

Table des matières

Mon Introduction : Invitation à une expérience 5

L'Introduction de Marc (Marc 1:1-8) 10

Section Un : Le Message (Marc 1:9-3:12) 13

Section Deux : La Puissance (Marc 3:13-6:6) 24

Section Trois : La Formation (Marc 6:7-8:30) 36

Section Quatre : Le Prix (Marc 8:31-10:52) 49

Section Cinq : Le Jugement (Marc 11:1-13:37) 63

Section Six : L'Amour (Marc 14:1-16:8) 75

La Conclusion de Marc (Marc 16:9-20) 87

Ma Conclusion : L'expérience continue 89

Appendice 1 : Comment organiser et mettre en scène *Marc : L'Évènement* ... 92

Appendice 2 : *Marc : L'Expérience* en groupe de maison 94

Appendice 3 : Les liens miroir de tous les Blocs B 101

Appendice 4 : La Structure de l'évangile de Marc 104

Pour John et Ruth

Je remercie Dieu pour toutes les personnes qui m'ont aidé durant mon « voyage » à travers l'évangile de Marc, spécialement Christian Bensel, Gerhild et Hans Michael Haitchi, Sven Kühne, Bill et Shirley Lees et Wolfgang Widmann.

La version française du livre est le fruit d'une enrichissante collaboration. Mark McGowan a préparé une première traduction, aidé par Samantha Grelon, Joséphine Lisciani et Liliane Schütz, traduction entièrement retravaillée par André Schumm. Je tiens à les remercier ainsi que les membres de l'Église Évangélique Baptiste de Valentigney qui ont permis à Mark de consacrer autant de temps à ce livre. Je remercie Dieu pour eux tous.

Je suis reconnaissant à Chris Allcock pour les dessins et pour la couverture, et surtout à Thomas Mayer de VTR d'avoir publié les éditions allemande, anglaise, suédoise et hongroise du livre, et maintenant cette édition française.

Par-dessus tout, je remercie tous ceux qui ont osé essayer l'expérience pour eux-mêmes et qui ont découvert la puissance de l'évangile de Marc dans leur vie. Je prie pour que davantage de personnes encore l'expérimentent.

http://www.themarkexperiment.com
ap@abovebarchurch.org.uk

Mon Introduction :
Invitation à une expérience

Ce livre traite deux sujets à la fois.

D'abord, il nous aide à apprendre l'évangile de Marc. Je ne pense pas qu'à l'origine Marc a écrit son livre pour être lu, mais pour être écouté. Après tout, la plupart des gens du premier siècle ne s'attendaient pas à en posséder un exemplaire. Marc l'a écrit pour que les gens le mémorisent, non pas mot à mot, mais morceau par morceau, pour qu'ils puissent mieux connaître Jésus et raconter l'histoire aux autres.

Puis, le livre se fixe pour but de redécouvrir Jésus, pour mieux le connaître, l'aimer et l'apprécier. Si c'est cela dont vous avez envie, vous pouvez être sûr que Jésus le veut pour vous plus que vous le voulez pour vous-même.

Le but de cette expérience est donc d'apprendre l'évangile pour que nous puissions mieux connaître Jésus. J'espère que vous vous l'approprierez pour vous-même.

Merci de prendre le temps de lire le reste de l'introduction. Vous n'en aurez pas pour longtemps, mais elle vous aidera à tirer le maximum de *Marc : L'Expérience*.

La structure de Marc

Après une courte introduction (1:1-8), Marc divise l'histoire de Jésus en six sections principales. Au milieu de chaque section il y a un bloc de huit passages. Ils ne se suivent pas par hasard, mais ils ont leur propre logique interne.

Regardez, par exemple, la Section Deux, qui va de Marc 3:13 à 6:6. Voici la structure de la section telle que je la vois.

Bloc A (3:13-35)
Nomination des douze apôtres (13-19)
Opposition de la part de la famille (20-21)
Opposition de la part des chefs religieux (22-30)
Encore de l'opposition de la part de la famille (31-35)

Bloc B (4:1-5:43)
a	4:1-20	Parabole : le semeur
b	4:21-25	Parabole : la lampe
c	4:26-29	Parabole : la semence
d	4:30-34	Parabole : le grain de moutarde
d'	4:35-41	Miracle : la tempête apaisée
c'	5:1-20	Miracle : le démoniaque guéri
b'	5:25-34	Miracle : la guérison de la femme malade
a'	5:21-43	Miracle : la résurrection de la fille de Jaïrus

Bloc C (6:1-6)
Opposition de la part de sa patrie et de sa famille (1-6)

Il y a cinq choses à remarquer concernant cette structure :

1. Le Bloc B contient huit passages ayant leur propre logique interne
Dans ce cas, les huit passages sont organisés en deux groupes de quatre : quatre paraboles suivies de quatre miracles. Chacune des six sections contient un Bloc B, chacun ayant sa propre logique interne.

2. Le Bloc B a des effets miroir
Permettez-moi d'expliquer ce que cela veut dire. La parabole du semeur (passage a) a quelque chose en commun avec la résurrection de la fille de Jaïrus (passage a') ; la parabole de la lampe (passage b) a quelque chose en commun avec la guérison de la femme malade (passage b') et ainsi de suite. Parfois on peut tirer une leçon de cet effet miroir, et il sert toujours d'aide-mémoire. Ceci vaut pour toutes les six sections de l'évangile.

3. Le Bloc A et le Bloc C ont quelque chose en commun
Ici dans la Section Deux il s'agit du thème de l'opposition de la famille. Ce thème ne se trouve pas en Bloc B, mais le lien entre les Blocs A et C est clair. Ce lien entre les Blocs A et C existe dans toutes les autres sections de l'évangile.

4. La section entière a un thème principal

Le thème de la Section Deux est La Puissance. En Bloc B les quatre paraboles nous parlent de la puissance de la Parole de Dieu, et les quatre miracles de la puissance de Jésus. Les six sections ont leur propre thème.

5. La section est facile à apprendre par cœur

Il ne s'agit pas d'apprendre tous les mots, mais tout simplement l'ordre des évènements de la section. La plupart des gens arrivent à apprendre l'ordre des évènements d'une section en 10 minutes, surtout s'ils apprennent le Bloc B avant d'apprendre le Bloc A et le Bloc C.

Mais pourquoi apprendre l'évangile de Marc par cœur ?

Une bonne question ! Il y a de très bonnes raisons :

I. – Parce que la Bible est la Parole de Dieu et qu'elle elle est d'une puissance remarquable. Nous l'oublions souvent. Au Psaume 119:11 David dit à Dieu : « Je serre ta parole dans mon cœur, afin de ne pas pécher contre toi. »

II. – Parce que Marc a écrit son évangile pour faciliter la mémorisation ! Si vous lisez *Marc : L'Expérience*, vous remarquerez à quel point la structure rend très facile la tâche de l'apprendre par cœur. Je suis sûr que le Saint Esprit a inspiré Marc pour qu'il écrive de cette manière, parce qu'il veut que nous ayons sa parole dans notre cœur.

III. – Parce qu'apprendre l'évangile par cœur crée la possibilité d'étudier la Bible même lorsque vous n'avez pas de Bible avec vous ! Quand vous serez allongé sur votre lit, ou quand vous vous promènerez dans la rue, vous pourrez vous raconter les histoires de l'évangile et commencer à parler à Jésus de ce dont vous vous souviendrez.

IV. – Parce que les premiers chrétiens apprenaient l'évangile par cœur. Après avoir découvert cette structure, j'ai trouvé cette citation de Clément d'Alexandrie. Clément y explique pourquoi Marc a écrit son évangile.

« Marc, le disciple de Pierre, pendant que Pierre prêchait l'évangile publiquement à Rome en présence de certains des chevaliers de César ... *ayant reçu la requête de leur part qu'ils puissent mémoriser les choses dites*, a écrit des choses dites par Pierre, l'évangile qui s'appelle Selon Marc ».

Clément d'Alexandrie
(Adumbrationes ad 1 Pierre 5:13,
italiques ajoutés)

L'idée d'apprendre par cœur l'ordre des évènements de l'évangile de Marc peut paraître étrange. J'ai écrit ce livre parce que j'ai moi-même essayé l'expérience, et j'ai redécouvert Jésus !

Comment utiliser ce livre

Ce livre n'est pas un commentaire ; il est conçu pour vous aider à apprendre l'évangile dans le but de mieux connaître Jésus. En nous penchant sur les six sections principales de Marc, nous étudierons une introduction qui s'appelle *Survoler l'ensemble*. Cette introduction expliquera la logique du Bloc B et vous montrera ce que le Bloc A et le Bloc C ont en commun.

Ensuite vient *Décortiquer le texte*. Ici j'explique de quelle manière la structure de la section nous aide à comprendre la signification de chaque paragraphe.

Je propose, alors, quelques suggestions concernant la mémorisation de la section (que j'appelle *Apprendre l'évangile*). La plupart des gens n'ont pas l'habitude d'apprendre par cœur, mais cela en vaut vraiment la peine. N'oubliez pas que nous ne parlons pas d'apprendre tous les mots, mais l'ordre des évènements de la section. Comme je l'ai dit ci-dessus, la plupart des gens arrivent à le faire en dix minutes.

La dernière partie s'intitule *Rencontrer le Seigneur*. C'est pour nous rappeler pourquoi nous faisons tout cela : nous avons envie de redécouvrir Jésus. En parlant au Seigneur au sujet de ce que vous apprenez, vous commencerez à mieux le connaître.

Il ne faut surtout pas lire *Marc : L'Expérience* trop rapidement ! Il est conseillé de prendre une semaine pour chacune des six sections, pour que vous ayez le temps de vraiment l'apprendre et commencer à ressentir l'œuvre du Seigneur agissant dans votre vie. Même si vous décidez de lire le tout en quelques jours, je vous invite à une relecture plus approfondie afin d'apprendre l'évangile pour vous-même. Je crois que les premiers chrétiens l'ont fait, et c'est ce que Marc avait à l'esprit quand il s'est assis pour écrire.

Merci d'avoir lu mon introduction ; il est temps de lire celle de Marc.

Je prie que tous ceux qui lisent ce livre apprécieront l'évangile de Marc et se plairont à rencontrer Jésus.

L'expérience commence dès maintenant …

L'Introduction de Marc (Marc 1:1-8)

Marc nous donne une introduction très courte à son évangile : il a hâte d'introduire l'histoire. Au verset 9, lorsque Jésus apparaît sur scène pour la première fois, celui-ci est déjà adulte. Marc ne mentionne ni Marie, ni Joseph et ne dit rien sur la naissance de Jésus. Néanmoins, les huit premiers versets nous préparent à l'arrivée du personnage principal de Marc.

Survoler l'ensemble

    a   Le témoignage de Marc concernant Jésus (1)
    b   Le témoignage des prophètes de l'Ancien Testament (2-3)
    c   Le baptême de Jean suscite beaucoup d'intérêt (4-5)
    b'   Jean ressemble à un prophète de l'Ancien Testament (6)
    a'   Le témoignage de Jean concernant Jésus (7-8)

Apparemment Marc commence son évangile avec un exemple de l'effet miroir, où l'idée du premier passage (a) est reflétée dans le dernier (a') et ainsi de suite. Ce procédé fonctionne comme aide-mémoire. Le but principal de ces versets est de nous présenter Jésus avant son apparition sur scène.

Il serait utile de lire l'introduction deux ou trois fois pour pouvoir repérer ce que disent Marc et les autres personnes au sujet de Jésus. Veuillez prendre le temps d'adorer avant d'étudier les versets plus en détail. Ce livre ne contient pas seulement de l'information ; le but est de redécouvrir Jésus pour mieux le connaître. C'est le but de *Marc : L'Expérience.*

Décortiquer le texte

a – Le témoignage de Marc concernant Jésus (1:1)

Le premier verset pourrait être le titre du livre entier, mais il nous dit aussi le verdict que Marc attend de notre part à la fin de notre lecture de l'évangile. Jésus est le Christ, le Messie promis de Dieu dans l'Ancien Testament. Israël avait attendu ce sauveur humain pendant des siècles ; Marc nous fait savoir qu'il est arrivé.

Mais le Messie que Marc veut nous faire rencontrer est bien plus qu'un être humain : il est « le Fils de Dieu » (1). Bien que cette expression ne se trouve pas dans tous les manuscrits, c'est certainement ce que Marc a voulu nous dire. À la fin de la Section Trois, en plein milieu de l'évangile, Jésus sera reconnu comme Messie (voir 8:29) ; et en Section Six, vers la fin de l'évangile, il sera reconnu comme Fils de Dieu (voir 15:39).

Selon Marc, l'évangile, c'est la bonne nouvelle. Reconnaître Jésus tel qu'il est et comprendre pourquoi il est venu sont les meilleures choses qui puissent nous arriver.

b – Le témoignage des prophètes de l'Ancien Testament (1:2-3)

« Selon ce qui est écrit dans Ésaïe, le prophète » dit Marc, même s'il ne cite pas Ésaïe avant le verset 3. Autrement dit, la citation de Malachie 3:1 au verset 2 est tout simplement l'introduction au témoignage d'Ésaïe concernant Jésus.

À ce stade, nous ne connaissons pas le nom du messager qui prépare le chemin, mais Ésaïe nous dit pour qui il le prépare : « Préparez le chemin du Seigneur ». Le message est clair : celui qui vient n'est ni plus ni moins que Dieu lui-même.

c – Le baptême de Jean suscite beaucoup d'intérêt (1:4-5)

Maintenant Marc nous dit que le messager est Jean. Il prépare le chemin pour l'arrivée de Dieu en prêchant la repentance et le moyen public de l'exprimer : le baptême. Se repentir veut dire changer d'avis, décider de vivre désormais différemment ; le verset 4 nous explique que le pardon de Dieu est alors possible.

Le message de Jean et le baptême suscitent une réponse étonnante : « Tout le pays de Judée et tous les habitants de Jérusalem se rendaient auprès de lui » (5). Même si nous ne prenons pas cette phrase au pied de la lettre, l'intérêt que montre le peuple à l'égard de Jean est énorme. L'une des raisons est certainement qu'il baptise des Juifs, ce qui est quelque chose d'inouï. Les Juifs ont besoin de se repentir, dit Jean, et il semble que beaucoup sont prêts à le faire.

b' – Jean ressemble à un prophète de l'Ancien Testament (1:6)

Marc nous donne cette description de Jean pour nous rappeler Élie : « un homme vêtu de poils et ayant une ceinture de cuir autour des reins » (2 Rois 1:8). En effet, Zacharie 13:4 nous dit que le manteau de poils était plus ou moins la tenue vestimentaire réglementaire des prophètes. Cette description de Jean, et l'effet miroir, nous disent que Jean est l'un des prophètes de l'Ancien Testament, et qu'il prépare le chemin pour la venue du Messie.

a' – Le témoignage de Jean concernant Jésus (1:7-8)

Jean insiste : il est de loin inférieur à celui pour lequel il prépare le chemin. Il n'est même pas digne d'être l'esclave ou le serviteur qui lui délierait ses sandales (7).

Mais la partie étonnante du message de Jean est que celui qui vient « vous baptisera du Saint Esprit » (8). Ceci est extraordinaire, parce que dans l'Ancien Testament Dieu seul pouvait répandre son Esprit sur le peuple. En parlant ainsi, Jean dit aussi que celui pour qui il prépare le chemin introduira la nouvelle alliance. Tous les Juifs du premier siècle savaient que Dieu avait promis une nouvelle alliance (Jérémie 31:31-34) laquelle entraînerait le pardon du peuple (Ézéchiel 36:25-27) et la présence du Saint Esprit dans leur cœur (Joel 2:28-32). Jean nous dit que le temps est accompli ; l'effet miroir, qui relie ces versets au premier, nous donne le nom de celui qui inaugurera la nouvelle alliance : c'est Jésus, le Messie, le Fils de Dieu (1).

Marc écrit son introduction pour que nous nous passionnions au sujet de Jésus.

Apprendre l'évangile

L'effet miroir de ces versets facilite la mémorisation de l'introduction. N'essayez pas d'apprendre tous les détails ; contentez-vous d'apprendre les titres.

Rencontrer le Seigneur

En repassant dans votre esprit l'introduction de Marc, prenez le temps d'adorer Jésus tel qu'il est, et pour ce qu'il est venu faire. Il veut que vous le connaissiez et l'aimiez mieux ; demandez-lui d'utiliser l'évangile de Marc à cette fin.

Section Un : Le Message (Marc 1:9-3:12)

Marc nous a déjà dit qu'il veut nous annoncer « l'évangile de Jésus-Christ, Fils de Dieu » (1:1). L'identité de Jésus est le fondement sur lequel repose le message de Marc. Maintenant Marc nous raconte la première chose que Jésus dit dans son ministère public : « Le temps est accompli, et le royaume de Dieu est proche » (1:15). Ceci est le sujet de cette première section ; c'est le message dont tout le monde a besoin et c'est le message que Jésus est venu nous apporter.

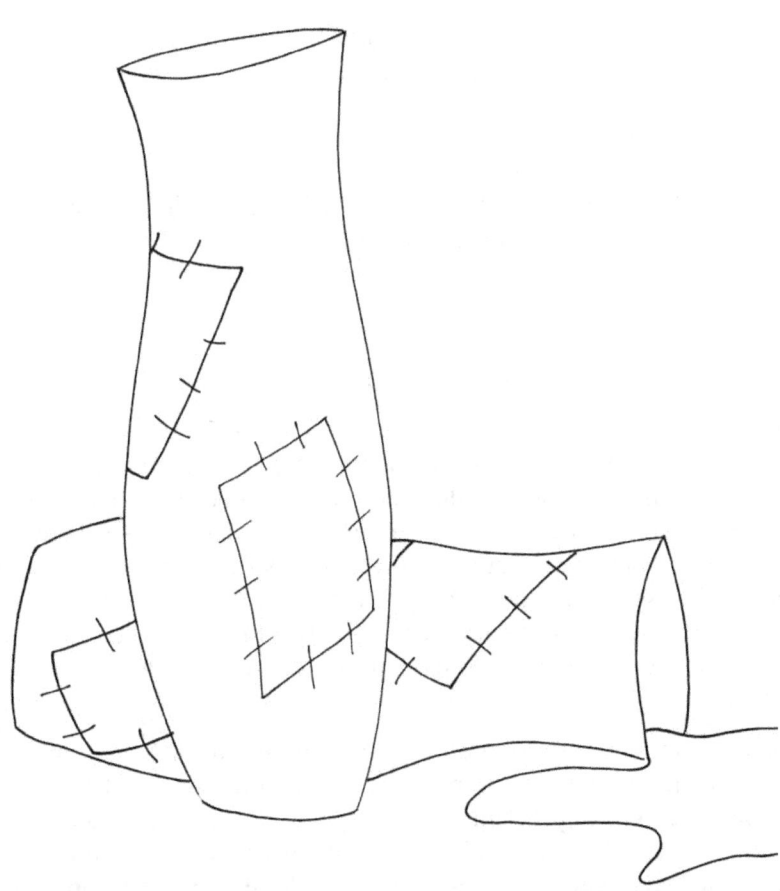

« Personne ne met du vin nouveau dans de vieilles outres ; autrement, le vin fait rompre les outres, et le vin et les outres sont perdus ; mais il faut mettre le vin nouveau dans des outres neuves. » Marc 2:22

Survoler l'ensemble

Bloc A (1:9-20)
Le baptême et la tentation de Jésus (9-13)
Jésus annonce la bonne nouvelle (14-15)
Jésus appelle les premiers disciples (16-20)

Bloc B (1:21-2:28)
    a   1:21-28   Jésus chasse un démon
    b   1:29-34   Jésus guérit la belle-mère de Simon et d'autres personnes
    c   1:35-39   Jésus dit que sa priorité est d'enseigner
    d   1:40-45   Jésus guérit un homme lépreux
    d'   2:1-12   Jésus guérit un homme paralysé
    c'   2:13-17   Jésus appelle Lévi et mange avec des gens de mauvaise vie
    b'   2:18-22   Jésus prédit la rupture radicale avec le Judaïsme
    a'   2:23-28   Jésus est maître du sabbat

Bloc C (3:1-12)
Jésus provoque de l'opposition en guérissant le jour du sabbat (3:1-6)
Jésus bénéficie d'une popularité grandissante (3:7-12)

Marc a organisé cette section, comme toutes les autres, autour d'un bloc de huit passages (Bloc B). Les quatre premiers passages montrent que Jésus maîtrise tout ; il libère les gens du mal et de leurs maladies, et s'engage dans l'enseignement des foules. Au chapitre 2, pourtant, l'atmosphère change brusquement : soudain les autorités juives sont partout, critiques et désapprobatrices. Elles se sentent menacées par la nouvelle concurrence. La première moitié du Bloc B nous montre alors l'autorité incontestée de Jésus, tandis que dans la seconde moitié, Jésus entre en conflit avec les dirigeants religieux d'Israël.

Comme dans toutes les sections de l'évangile, les Blocs A et C ont quelque chose en commun. Ici c'est le message selon lequel Jésus est Fils de Dieu. En Bloc A le Père le proclame à son baptême (1:11), tandis qu'en Bloc C Jésus interdit aux démons de révéler son identité (3:11). Marc utilise ce système de fléchage pour deux raisons : il signale le début et la fin de la première section, et il insiste sur le message principal de l'évangile (cf. 1:1).

Avant de continuer l'étude, il serait important de lire Marc 1:9-3:12, en faisant de la lecture un moment d'adoration de Jésus.

Section Un: Le Message (Marc 1:9-3:12)

Décortiquer le texte

Bloc A (1:9-20)

Le baptême et la tentation de Jésus (9-13)

Au verset 9 Jésus apparaît dans l'évangile pour la première fois. Il n'enseigne pas avec autorité, il ne guérit pas non plus ; il se soumet en simple homme au baptême de Jean. Pour Marc, l'aspect le plus important est la voix du ciel : « Tu es mon Fils bien-aimé, en toi j'ai mis toute mon affection » (11).

Pour mieux comprendre cette parole de Dieu il faut la comparer avec celle que Dieu avait déjà prononcée dans l'Ancien Testament. Au début du premier Chant du serviteur, Ésaïe nous fait entendre la voix de Dieu qui, enthousiasmé, présente le serviteur en disant : « Voici mon serviteur, que je soutiendrai, mon élu, en qui mon âme prend plaisir » (Ésaïe 42:1a). Mais maintenant, au bord du Jourdain, Dieu proclame : « Tu es mon fils », un écho au Psaume 2 (verset 7), reconnu des Juifs du premier siècle comme psaume messianique. Il se peut aussi qu'il y soit fait allusion aux instructions de Dieu à Abraham quand il lui a demandé de sacrifier son fils : « Prends ton fils, ton unique, *celui que tu aimes, Isaac ...* » (Genèse 22:2).

Alors, le lecteur de l'évangile de Marc qui connaît son Ancien Testament reconnaîtra, dans ce premier paragraphe de la Section Un, le message que Jésus, baptisé par Jean Baptiste, est le Fils de Dieu, le Messie promis depuis des siècles (Psaume 2), le serviteur souffrant (Ésaïe 42), qui sera sacrifié par son Père (Genèse 22).

Le baptême de Jésus, une fois accompli, produit une forte impression au début de la Section Un. Marc désire certainement que nous voyions ici au complet les trois personnes de la Trinité : le Fils au verset 9, l'Esprit au verset 10, le Père au verset 11. Le message est clair : Dieu lui-même intervient de façon décisive dans les affaires humaines.

Marc ne consacre que deux versets aux quarante jours de la tentation dans le désert (12-13), alors que les récits de Mathieu et Luc sont beaucoup plus complets. Il omet même de nous dire que Jésus triomphe de Satan, probablement parce qu'il pense que cela va de soi. Plus significatif encore est la mention des 40 jours où Marc a certainement l'intention de nous rappeler les 40 ans d'Israël dans le désert. Il conclut en disant que Jésus est le nouvel Israël, le Fils de Dieu, venu inaugurer le nouveau peuple de Dieu (voir commentaire sur 3:13-19).

Jésus annonce la bonne nouvelle (1:14-15)

La bonne nouvelle est que « le royaume de Dieu est proche » (15). L'arrivée de Jésus signale la présence du royaume, non pas dans sa majesté ultime, mais dans l'humble réalité des individus qui reconnaissent Dieu comme leur Roi. La bonne nouvelle est qu'il nous est possible de connaître Dieu. La condition pour entrer dans le royaume est la repentance et la foi (15b), ce que nous comprendrons mieux quand nous arriverons à la fin de l'évangile.

Marc a très probablement Ésaïe 52:7 à l'esprit quand il écrit ces versets : « Qu'ils sont beaux sur les montagnes, les pieds de celui qui apporte de bonnes nouvelles, qui publie la paix ! De celui qui apporte de bonnes nouvelles, qui publie le salut ! De celui qui dit à Sion : Ton Dieu règne ! » Jésus apporte la bonne nouvelle du royaume de Dieu.

Jésus appelle les premiers disciples (1:16-20)

Jésus prend clairement l'initiative. Simon, André, Jacques et Jean connaissent Jésus depuis peut-être un an à ce stade de l'histoire, mais aujourd'hui il faut qu'ils prennent une décision. L'appel de suivre (« Suivez-moi ») est lié à la promesse d'équiper les disciples pour la tâche qui les attend (« Je vous ferai pêcheurs d'hommes », 17). L'appel de Jésus et la réponse des pêcheurs révèlent que l'engagement auprès de Jésus doit être prioritaire sur toute autre chose, la famille, les possessions et l'emploi inclus (18, 20).

Ce sont les quatre premiers hommes que Jésus a appelés à entrer dans le royaume, et ils ont répondu en le suivant. Quelle autre réponse est possible, vu l'identité de Jésus (9-11) ? En Bloc A Marc nous a donné le message concernant l'identité de Jésus, l'arrivée du royaume et ses droits sur notre vie. Ceci est une bonne nouvelle pour nous aussi.

Bloc B (1:21-2:28)

Quatre passages sans opposition humaine (1:21-45)

a - Jésus chasse un démon (1:21-28)

Jésus accomplit ce premier miracle le jour du sabbat. Pourtant, Marc nous fait comprendre que Jésus commence par l'enseignement (21, cf. 38) par lequel il débusque sans difficulté les forces du mal, et qu'ensuite l'exorcisme est nécessaire pour rendre à l'impuissance l'ennemi. Marc veut nous montrer que ces forces reconnaissent immédiatement que Jésus est « le Saint de Dieu », une forte indication le désignant comme le Messie (24). C'est un thème que nous rencontrons souvent : tandis que les hommes et les femmes ne savent pas qui est Jésus, les démons, eux, n'éprouvent aucune difficulté à

Section Un: Le Message (Marc 1:9-3:12) 17

le reconnaître (voir 34b). Ils feront donc tout pour empêcher la prédication du message de Dieu.

Ce que les gens dans la synagogue voient clairement, c'est que Jésus est un homme d'autorité, dans son enseignement aussi bien que dans l'exorcisme. Pour la première fois dans l'évangile, Marc enregistre l'émerveillement comme réponse naturelle à la réalité de Jésus (22, 27-28).

b – Jésus guérit la belle-mère de Simon et d'autres personnes (1:29-34)

Le commentaire de Marc : « on parla d'elle à Jésus » (30) pourrait nous encourager à parler à Jésus de nos anxiétés et de nos soucis. Nous devons comprendre que rien n'échappe à l'autorité de Jésus, que ce soit la maladie ou le mal. Les évènements après le coucher du soleil ne laissent subsister aucun doute à ce sujet (32-34). Quand Marc parle de façon exagérée de « tous les malades et les démoniaques », et de « toute la ville », c'est pour dépeindre un tableau du besoin et de la misère humaine, maux qui n'ont de solution qu'en Jésus.

Au verset 25 Jésus avait interdit au démon dans la synagogue de révéler son identité ; maintenant il répète cette interdiction à « beaucoup de démons » qu'il chasse (34b). La raison la plus vraisemblable pour cela est de mettre fin aux attentes erronées des Juifs qui attendent un Messie politique expulsant les Romains hors d'Israël. Or, cette idée s'oppose à sa véritable mission, qui est celle d'exercer un ministère conforme aux Écritures. Le prochain évènement nous montre qu'il y a déjà un problème à ce sujet.

c – Jésus dit que sa priorité est d'enseigner (1:35-39)

Ce petit paragraphe nous montre que Jésus ne se laisse pas manipuler. Quand Pierre interrompt la prière de Jésus pour lui dire « Tous te cherchent ! » c'est probablement pour le ramener à Capernaüm où se sont produits les miracles et les exorcismes de la veille. Jésus sait que la priorité donnée aux miracles l'empêchera de proclamer le royaume. Il décide donc d'aller ailleurs (38-39). Le message est plus important que toute autre chose.

L'effet miroir avec le passage c' (2:13-17) souligne que Marc veut que nous nous concentrions sur le but de la venue de Jésus. Ici en 1:38 c'est pour prêcher, tandis que dans 2:17 c'est pour appeler les pécheurs. Cela ne représente qu'un seul but : il prêche pour appeler les pécheurs à la repentance et à la foi (1:15). C'est précisément cela, le message du royaume de Dieu.

d – Jésus guérit un homme lépreux (1:40-45)

Nous ne savons pas exactement de quelle maladie souffrait l'homme du verset 40, mais nous savons qu'elle l'a isolé de la société humaine normale. De toute façon, l'homme semble sûr que la réputation de Jésus, (celle de son autorité sur toute maladie) est justifiée : « Si tu veux, tu peux me rendre pur » (40). Avant de répondre, Jésus étend la main et touche l'homme (41). Pour une autre personne ce serait un acte de stupidité, mais pour Jésus c'est de la compassion (41). « Aussitôt », dit Marc, « la lèpre le quitta, et il fut purifié » (42). Jésus est plus contagieux que la maladie !

L'effet miroir avec le passage suivant (d', 2:1-12) nous présente le contraste entre la soumission de Jésus aux autorités juives (1:44) et leur antagonisme à son égard (2:7). L'homme guéri, à qui Jésus a recommandé de ne rien dire de ce qui s'est passé, sauf au prêtre, désobéit ; à cause de cette désobéissance, Jésus rencontre plus de difficultés pour annoncer son message (45).

Les quatre premiers passages du Bloc B nous ont montré Jésus agissant avec autorité, plein de compassion. Il n'y a pas d'opposition humaine ; la popularité de Jésus va plutôt grandissante. Le contraste avec ce qui suit au chapitre 2 ne saurait être plus grand.

Quatre passages avec opposition humaine (2:1-28)

d' – Jésus guérit un homme paralysé (2:1-12)

Marc prend beaucoup de plaisir à raconter cette histoire. La description de la foule qui écoute le message de Jésus, l'ouverture du toit et la descente depuis ce toit de l'homme paralysé, rendent tout cela facile à visualiser. La résolution des amis de l'homme pour l'amener à Jésus, quels que soient les obstacles, pourrait servir d'illustration de l'importance de la prière (cf. 1:30) ; Jésus répond certainement à « leur foi » (5).

La surprise est que Jésus voit un besoin plus urgent que la guérison. Il dit à l'homme : « Mon enfant, tes péchés sont pardonnés » (5). Jésus ne veut pas nécessairement dire que, dans ce cas, la paralysie est due à un péché spécifique. Il est plus probable qu'il veut dire que notre besoin le plus important est toujours le pardon. Cela fait partie intégrante de son message.

À ce stade, nous rencontrons, pour la première fois dans l'évangile, l'opposition des autorités juives. Ici, il s'agit des scribes, théologiens de l'époque, qui décident que Jésus blasphème : en revendiquant l'autorité de pardonner les péchés, il fait ce que Dieu seul peut faire (6).

La réponse à la question de Jésus (9) est évidemment qu'il serait plus facile de dire « Tes péchés sont pardonnés » que de dire « Lève-toi, prends ton lit, et marche » parce que la première phrase n'exige aucune preuve visible. Mais Jésus prononce la phrase plus difficile, pour guérir l'homme physiquement et visiblement ; c'est la preuve qu'il lui a aussi pardonné ses péchés. Ce double miracle, le pardon des péchés et la guérison d'une maladie, produit encore l'émerveillement (12 ; cf. 1:22,27).

Section Un: Le Message (Marc 1:9-3:12)

Lorsqu'il parle de son autorité pour pardonner les péchés, Jésus se qualifie de Fils de l'homme. Cette expression ambiguë peut être utilisée pour parler tout simplement de soi-même (voir par exemple 8:27, et le verset parallèle en Matthieu 16:13). Pourtant, quand Jésus utilise cette expression, il semble vouloir s'identifier avec le Fils de l'homme glorieux de Daniel 7:13-14, celui qui, un jour, sera adoré de toutes les nations et dont le royaume (cf. 1:15) ne passera jamais. L'ambiguïté de l'expression fait que la foule ne saisit pas la référence à la prophétie de Daniel.

Le passage est important parce qu'il nous montre Jésus pardonnant les péchés et donc s'identifiant à Dieu. Le résultat est l'inévitable affrontement avec les autorités juives, un thème qui se poursuit tout au long de la Section Un.

c' – Jésus appelle Lévi et mange avec des gens de mauvaise vie (2:13-17)

Marc commence ce paragraphe avec un autre rappel : Jésus est bien décidé à enseigner son message (13). Maintenant il raconte l'appel d'un autre disciple (cf. 1:16-20) ; il ne s'agit pas, cette fois, d'un honnête pêcheur, mais d'un percepteur d'impôts qui collabore avec le pouvoir romain et qui escroque ses propres compatriotes. Nous ne savons pas ce que Lévi savait sur Jésus, mais cela était suffisant pour qu'il décide de tout laisser tomber pour le suivre.

Pour Marc, la signification de ce passage se trouve dans la réaction de certains chefs juifs présents à la fête chez Lévi, fête qu'il aura probablement organisée pour célébrer sa nouvelle vie et pour leur présenter son nouvel ami. Les scribes présents sont, cette fois-ci, scandalisés de ce que Jésus mange avec les percepteurs et les pécheurs (peut-être un euphémisme pour les prostituées). Au premier siècle, manger avec quelqu'un signifiait l'aimer et l'accueillir ; selon les scribes le comportement de Jésus est honteux.

L'effet miroir avec le passage c (1:35-39) montre que la signification de ce paragraphe sur l'appel de Lévi se trouve dans la réponse de Jésus dans ces réflexions. Il répond : « Ce ne sont pas ceux qui se portent bien qui ont besoin de médecin, mais les malades. Je ne suis pas venu appeler des justes, mais des pécheurs » (17). Dans les deux passages Jésus dit qu'il est venu. Il pense probablement à sa venue dans le monde, mais Marc veut que nous comprenions pourquoi il est venu (1:38 ; 2:17) : pour proclamer son message et appeler les pécheurs (cf. commentaire sur 1:35-39). C'est bien cela, le sujet du royaume de Dieu.

b' – Jésus prédit la rupture radicale avec le Judaïsme (2:18-22)

Le conflit avec les autorités juives s'intensifie, même si Marc ne nous dit pas exactement qui vient demander pourquoi Jésus et ses disciples ne jeûnent pas deux fois par semaine selon la tradition juive.

Jésus répond à cette question en utilisant trois images. La première est celle d'un mariage (19-20) : tant que l'époux est présent, les invités ne jeûnent pas. La deuxième image est celle du drap (21) : on ne rapièce pas un vieil habit avec une pièce de drap neuf. La troisième image est celle du vin et des outres (22) : mettre du vin nouveau dans de vieilles outres serait une catastrophe.

Jésus semble parler de lui-même comme étant l'époux au verset 19 (l'épouse est étrangement absente de l'image). Dans l'Ancien Testament Dieu lui-même est l'époux, mais jamais le Messie. Ici Jésus assume tout naturellement ce rôle. Il est significatif aussi que l'époux sera « enlevé » (20), une expression presque violente qui nous rappelle peut-être le quatrième Chant du serviteur en Ésaïe 53 : « Il a été enlevé par l'angoisse et le châtiment » (Ésaïe 53:8).

Les propos de Jésus au sujet du vin nouveau et des vieilles outres sont extrêmement provocateurs. Laissant de côté le fait que le vieux vin est normalement meilleur que le nouveau, Jésus se compare au vin nouveau et décrit les chefs des Juifs comme de vieilles outres. On pourrait même appeler la première moitié du Bloc B « Vin Nouveau » (1:21-45) et la seconde « Vieilles Outres » (2:1-28), car les représentants du Judaïsme traditionnel démontrent clairement qu'ils ne recevront pas Jésus.

Jésus prédit ici la rupture radicale avec le Judaïsme. Ce thème commence ici en Section Un, et devient un thème récurrent dans les Sections Deux, Trois et Cinq de l'évangile. Pour simplifier, nous pourrions dire que Jésus et la religion ne font pas bon ménage ; il faut choisir. Mais il nous reste un passage de plus en Bloc B que nous devons considérer.

a' – Jésus est maître du sabbat (2:23-28)

Marc termine le Bloc B tout comme il l'a commencé, avec une histoire qui se déroule le jour du sabbat (voir 1:21-28). Pourtant, le contraste entre les deux histoires est frappant. Dans la première, les autorités juives sont absentes ; dans la seconde, les Pharisiens reprochent aux disciples de transgresser la loi du sabbat. Beaucoup de choses se sont passées depuis le début de ce bloc.

En réalité, bien sûr, les disciples ne transgressent qu'une traditionnelle interprétation juive de la loi du sabbat de l'Ancien Testament. Jésus reviendra au sujet de la soi-disant « tradition des anciens » en Section Trois (voir 7:1-13) ; ici il enseigne avec autorité l'histoire de David, ce qui nous rappelle 1:22, encore un lien avec le passage a.

L'affirmation la plus osée de Jésus se trouve au verset 28 : « le Fils de l'homme est maître même du sabbat », où il s'attaque directement à l'autorité des chefs juifs ; pour eux la loi du sabbat était la loi la plus importante parce qu'il leur était possible d'en vérifier l'obéissance. Jésus frappe aux racines du Judaïsme traditionnel du premier siècle.

Nous arrivons alors à la fin du Bloc B. Il est concevable que ce huitième passage (a') comprenne aussi 3:1-6, puisque les deux évènements ont lieu le jour du sabbat. Mais vu le choc de 3:6, que nous verrons tout à l'heure, je crois qu'il nous est plus utile de considérer 3:1-6 comme faisant partie du Bloc C.

En fait, nous avons fait suffisament de progrès en Bloc B. Marc a soigneusement structuré son récit pour montrer clairement ce qu'il veut souligner dans chaque passage. L'opposition grandissante des chefs juifs dans les passages d', c', b' et a' contraste avec l'approbation universelle que reçoivent l'enseignement et les miracles de Jésus dans les passages a, b, c et d. Et le conflit va entraîner l'affrontement.

Bloc C (3:1-12)

Jésus provoque de l'opposition en guérissant le jour du sabbat (3:1-6)

Marc ne nous raconte pas ce qui s'est passé entre cet évènement et celui qu'il a raconté à la fin du Bloc B. Il dépeint une scène tendue où les Pharisiens (que nous ne découvrons pas avant le verset 6) surveillent Jésus : guérir l'homme le jour du sabbat transgresserait leur interprétation de la loi. Il est intéressant de remarquer qu'ils ne semblent pas douter du pouvoir guérisseur de Jésus.

Jésus commande à l'homme de se lever, pour que tout le monde le voie. Il n'a pas l'intention de guérir secrètement. Quand les Pharisiens refusent de répondre à sa question (4), Marc enregistre sa réaction : « Alors, promenant ses regards sur eux avec indignation, et en même temps affligé de l'endurcissement de leur cœur, il dit à l'homme : Étends ta main. » À la colère et l'affliction de Jésus succède une manifestation de son pouvoir : l'homme est complètement et instantanément guéri.

La raison pour laquelle Marc nous raconte cette histoire se trouve au verset 6 : « Les Pharisiens sortirent, et aussitôt ils se consultèrent avec les Hérodiens sur les moyens de le faire périr. » Les Hérodiens sont un parti politique qui n'a rien à voir avec les Pharisiens, à part leur désir d'en finir avec Jésus. La Section Un des six sections n'est pas encore terminée, mais la décision de tuer Jésus est déjà prise. En bon conteur Marc nous laisse sur notre faim et nous pousse à vouloir connaître la suite de l'histoire.

Jésus bénéficie d'une popularité grandissante (3:7-12)

Marc ne nous dit pas si Jésus est au courant du complot qui se trame contre lui, mais il se retire, pour être vite retrouvé par la foule (7-8). Deux éléments importants de ce résumé méritent notre attention.

Tout d'abord, Jésus décide de prêcher depuis une barque (9-10) pour que les demandes constantes de guérison n'empêchent pas la foule d'entendre le message. Marc veut que nous nous souvenions de 1:38 et nous prépare habilement pour le début du Bloc B de la Section Deux (voir 4:1).

Deuxièmement, Marc nous rappelle que les démons reconnaissent Jésus comme Fils de Dieu (11). Tout comme en 1:34 Jésus ne leur permet pas de répandre cette nouvelle (12). Marc, pourtant, nous a déjà fait part du secret : en Bloc C les démons appellent Jésus « Fils de Dieu », et lors de son baptême en Bloc A la voix qui vient du ciel dit : « Tu es mon Fils bien-aimé, en toi j'ai mis toute mon affection » (1:11).

Marc veut que nous arrivions à cette même conclusion sur l'identité de Jésus.

Apprendre l'évangile

La structure de la Section Un fait qu'elle est très facile à apprendre. Ce n'est pas la peine d'apprendre les numéros des versets ; il vaut mieux mémoriser les titres de chaque paragraphe. Il serait plus facile de commencer avec le Bloc B en nous souvenant que les quatre passages où il n'y a pas d'opposition sont suivis de quatre autres où l'opposition est forte.

Après avoir plus ou moins mémorisé l'ordre du Bloc B, il ne vous sera pas difficile d'apprendre par cœur les Blocs A et C ; ils sont courts tous les deux. Cela vous aidera si vous vous souvenez que ces deux blocs ont en commun l'expression : « le Fils de Dieu » (1:11 et 3:11).

En apprenant cette première section de l'évangile de Marc, vous faites ce que faisaient les chrétiens du premier siècle.

LE MESSAGE

A
> Le baptême et la tentation de Jésus 3
> Jésus annonce la bonne nouvelle
> Jésus appelle les premiers disciples

B
> a Jésus chasse un démon 1
> b Jésus guérit la belle-mère de Simon et d'autres personnes
> c Jésus dit que sa priorité est d'enseigner
> d Jésus guérit un homme lépreux

> d' Jésus guérit un homme paralysé 2
> c' Jésus appelle Lévi et mange avec des gens de mauvaise vie
> b' Jésus prédit la rupture radicale avec le Judaïsme
> a' Jésus est maître du sabbat

C
> Jésus provoque de l'opposition en guérissant le jour du sabbat 4
> Jésus bénéficie d'une popularité grandissante

> A+C : Qui est Jésus ? Le Fils de Dieu (1:11 / 3:11)
> Logique de B : Quatre passages sans opposition humaine et quatre passages avec opposition humaine.

Rencontrer le Seigneur

Une fois que l'ordre des évènements est clair, le Saint Esprit peut commencer à utiliser l'histoire de Jésus dans votre vie. En repassant les évènements dans votre esprit, soyez prêts à prier. Remerciez Jésus de ce que le message du royaume de Dieu concerne le don du pardon (2:5) et son amour pour les pécheurs (2:17). Souvenez-vous également que Jésus est le Fils de Dieu. Je prie, pour qu'en repassant ce message dans votre esprit, vous commenciez à l'adorer. Ce sera une rencontre avec le Seigneur.

En répétant l'évangile de Marc, vous redécouvrirez Jésus.

Section Deux : La Puissance (Marc 3:13-6:6)

Le message de la Section Un était que Dieu, dans la venue de Jésus, intervient de façon décisive dans la vie des hommes et des femmes. Le Fils de Dieu montre son autorité et continue, malgré l'opposition, d'aller par amour vers les hommes et les femmes qui souffrent. Maintenant, dans la deuxième section, Marc explique comment cela est possible : d'où vient la puissance qui change la vie ?

« Le semeur sème la parole. » Marc 4:14

Section Deux : La Puissance (Marc 3:13-6:6)

Survoler l'ensemble

Bloc A (3:13-35)
    Nomination des douze apôtres (13-19)
    Opposition de la part de la famille (20-21)
    Opposition de la part des chefs religieux (22-30)
    Encore de l'opposition de la part de la famille (31-35)

Bloc B (4:1-5:43)
    a   4:1-20   Parabole : Le semeur
    b   4:21-25   Parabole : La lampe
    c   4:26-29   Parabole : La semence
    d   4:30-34   Parabole : Le grain de moutarde
    d'   4:35-41   Miracle : La tempête apaisée
    c'   5:1-20   Miracle : Le démoniaque guéri
    b'   5:25-34   Miracle : La guérison de la femme malade
    a'   5:21-43   Miracle : La résurrection de la fille de Jaïrus

Bloc C (6:1-6)
    Opposition de la part de sa patrie et de sa famille (1-6)

Le Bloc B a encore huit éléments qui se divisent encore une fois en deux groupes de quatre chacun. Les quatre premiers sont des paraboles racontées par Jésus ; les quatre suivants sont des miracles accomplis par Jésus. Évidemment, Marc a soigneusement structuré la section.

Ce que les Blocs A et C ont en commun est le thème de l'opposition. En Bloc A, la famille de Jésus veut l'emmener chez elle de force, parce qu'elle pense qu'il est « hors de sens » (3:20-21). En Bloc C, Jésus enseigne dans sa ville natale, Nazareth, et son message est rejeté par ses proches. Jésus dit : « Un prophète n'est méprisé que dans sa patrie, parmi ses parents, et dans sa maison » (6:4). Ces deux poteaux indicateurs montrent le début et la fin de la deuxième section.

Un autre thème commun aux deux blocs est celui de la puissance. En Bloc A les scribes accusent Jésus de chasser les démons par le prince des démons (3:22), tandis qu'en Bloc C, Marc nous dit que Jésus « ne put faire là aucun miracle si ce n'est qu'il imposa les mains à quelques malades et les guérit » (6:5).

Le Bloc B va répondre à la question suivante : « D'où vient la puissance qui transforme la vie et amène les gens dans le royaume de Dieu ? » Les quatre paraboles nous enseignent que la puissance est dans la parole de Dieu, tandis que les quatre miracles nous montrent qu'elle se trouve en Jésus lui-même.

Avant de regarder le texte de plus près il serait bien de noter que la deuxième section contient les premiers exemples de ce que nous appellerons un texte sandwich marcien. Marc aime commencer une histoire ou un thème, puis l'interrompre avant d'y revenir. Ce style casse un peu le rythme de l'histoire et crée une tension, tout en rendant l'évangile plus facile à apprendre. Les deux exemples ici se trouvent en 3:20-35 et 5:21-43.

C'est le moment de lire ou de relire le passage en 3:13-6:6 pour en saisir la structure. Entre la lecture et l'adoration il n'y a qu'un petit pas.

Décortiquer le texte

Bloc A (3:13-35)

Nomination des douze apôtres (3:13-19)

Vers le début de la Section Un, Jésus appelle ses premiers disciples (1:16-20). Maintenant, au début de la Section Deux, il choisit douze hommes parmi ceux qui le suivent pour être avec lui (14). Il leur donne deux tâches principales : prêcher et chasser les démons (14-15). Une fois encore l'initiative vient de Jésus.

Ce qui est très significatif ici, est le nombre des apôtres. En choisir douze est particulièrement provocateur de la part de Jésus. Il a déjà signalé une rupture radicale avec le Judaïsme du premier siècle (2:18-22), et plusieurs des chefs juifs ont déjà décidé de se débarrasser de lui (3:6). Au début de son ministère Jésus a passé quarante jours dans le désert (1:13), ce qui est peut-être une allusion aux 40 ans qu'Israël a passé dans le désert. Maintenant il choisit douze apôtres. Est-ce qu'ils sont censés remplacer les douze tribus pour devenir la fondation d'un nouveau peuple de Dieu ? Marc ne répond pas à cette question ici, mais le thème reviendra de façon décisive en Section Cinq.

Opposition de la part de la famille (3:20-21)

Marc nous dit qu'à cause de sa popularité grandissante, Jésus et ses disciples n'ont pas toujours la possibilité de manger régulièrement. La réaction de la famille est qu'il « a perdu le sens » (21). Les siens décident de le ramener chez eux. Ce court paragraphe marque le début d'un texte sandwich sur le thème de l'opposition (3:20-35).

Section Deux : La Puissance (Marc 3:13-6:6) 27

Opposition de la part des chefs religieux (3:22-30)

Les scribes sont venus de Jérusalem probablement pour donner leur avis théologique sur Jésus. Soit il est lui-même possédé de Satan, soit il est sous une influence occulte (22). Selon eux, elle est là, la source de son pouvoir.

Jésus leur dit que leur analyse n'est pas sensée. Pourquoi Satan utiliserait-il Jésus pour organiser la défaite de son propre royaume du mal (22-36) ? Il explique ce qui se passe vraiment quand il chasse les démons et qu'il guérit les gens : « Personne ne peut entrer dans la maison d'un homme fort et piller ses biens, sans avoir auparavant lié cet homme fort ; alors il pillera sa maison » (27). L'image est claire : le diable est comme un homme fort qui tient les gens sous son pouvoir et comme ses possessions. Dans les évènements de l'évangile, Jésus brise le pouvoir de Satan pour libérer les hommes et les femmes. En Bloc B nous rencontrerons un exemple fort de ce principe (5:1-20).

Jésus répond à ses adversaires (3:28-30) dans l'enseignement sur le blasphème contre le Saint Esprit. Ces chefs juifs n'ignorent ni les faits concernant Jésus ni les promesses de l'Ancien Testament au sujet du Messie. En l'accusant d'être sous le pouvoir de Satan (30), ils pèchent délibérément contre la vérité, en pleine connaissance de cause. Pour ce péché il n'y a pas de pardon.

Ceci semble contredire l'autre enseignement de la Bible selon lequel Dieu pardonne volontiers tous ceux qui se repentent et croient en lui. La solution à ce problème est celui-ci : que ceux qui blasphèment contre le Saint Esprit ne se repentent jamais et ne demandent jamais à être pardonnés. Ce péché ne vient pas de l'ignorance ; il est commis en pleine connaissance de cause, mais non pas comme n'importe quel autre péché dont on serait conscient. Ce péché attribue la vérité et la lumière de Dieu aux mensonges et aux ténèbres de Satan.

Celui qui s'inquiète d'avoir commis ce péché n'en serait pas coupable. S'il l'était il ne s'en inquiéterait pas. Il faut ajouter autre chose : personne n'a le droit de décider si quelqu'un a commis ce péché irrévocable. Jésus lui-même ne le fait pas. Il ne dit pas aux scribes qu'ils sont déjà allés trop loin ; il les avertit de ce qui peut leur arriver s'ils persistent à rejeter la vérité.

Encore de l'opposition de la part de la famille (3:31-35)

Quelques membres de la famille de Jésus se présentent et demandent à lui parler. Ce passage termine le texte sandwich commencé en 3:20-21. La réponse de Jésus est claire : il a une nouvelle famille : « car quiconque fait la volonté de Dieu, celui-là est mon frère, ma sœur et ma mère » (35). Il parle du nouveau peuple de Dieu dont les douze apôtres sont le commencement (13-19).

Cette opposition en Bloc A a dû produire des doutes chez les apôtres si récemment élus. Si Jésus vient vraiment de Dieu, pourquoi ceux qui le connaissent le mieux (sa famille) et ceux qui connaissent mieux que tout le monde les Écritures (les scribes) rejettent-ils Jésus ? Le premier élément du Bloc B nous en donnera la réponse.

Bloc B (4:1-5:43)

Quatre paraboles au sujet de la puissance de la parole de Dieu (4:1-34)

a – La parabole du semeur (4:1-20)

Jésus a déjà fait en sorte qu'il y ait une barque à sa disposition (3:9) ; maintenant il s'en sert pour enseigner la foule au bord de la mer. Marc souligne au verset 2 qu'il ne raconte qu'une sélection des paraboles de Jésus ici au chapitre 4. Matthieu par contre en raconte sept (Matthieu 13).

Au verset 13 Jésus dit que la parabole du semeur est la plus importante de toutes les paraboles : « Vous ne comprenez pas cette parabole ? Comment donc comprendrez-vous toutes les paraboles ? » La première raison pour laquelle cette parabole est si importante est qu'elle a trait à l'écoute de la parole de Dieu. Jésus l'introduit en disant : « Écoutez ! » (3), et la termine avec la phrase : « Que celui qui a des oreilles pour entendre entende » (9). L'explication aux versets 14-20 est très précise : le mot « parole » se trouve dans tous les versets. La parabole parle de la qualité de notre écoute par rapport à ce que Dieu veut nous dire.

La deuxième raison pour laquelle cette parabole est importante est qu'elle explique l'opposition à laquelle Jésus doit faire face ; nous en avons déjà vu en Bloc A. Pourquoi tout le monde ne se précipite-t-il pas pour recevoir Jésus ? Parce qu'il y a quatre sortes de cœur humain, nous dit la parabole : le cœur dur (15), le cœur superficiel (16-17), le cœur trop plein (18-19) et le cœur ouvert (20). Autrement dit, les disciples ne devraient pas être surpris si Jésus est rejeté : c'est normal. Quand la parole de Dieu est annoncée, ils devraient s'attendre à la déception et au fruit : à la déception face à l'opposition et au fruit de la reconnaissance envers Jésus et de ses droits sur leur vie. C'est une leçon que les disciples ne doivent jamais oublier.

Mais comment comprendre les versets 10-12 ? Est-ce que Jésus veut dire que Dieu ne veut pas que les gens se tournent vers lui pour être pardonnés ? La réponse à cette question doit être non. Au verset 11, Jésus dit aux disciples qu'il y a deux groupes de gens : ceux du dehors qui ne comprennent pas et qui rejettent donc le message, et ceux du dedans qui peuvent avoir du mal à comprendre mais qui demandent de l'aide auprès de Jésus (10, 34). Les paraboles ne sont pas des tests d'intelligence, mais des tests d'ouverture, conçus pour révéler à quel groupe appartient chaque auditeur. Les gens spirituellement ouverts ont soif d'en savoir plus, et donc demandent à Jésus de les aider. Ceci est encore vrai aujourd'hui.

Il y a une partie de la parabole du semeur que Jésus n'explique pas dans les versets 14-20 : « Le semeur sème la parole » (14). Mais qui est le semeur ? Est-ce que Jésus parle de Dieu qui sème le message ou de nous-mêmes, ses disciples, qui semons le message ? La réponse est très probablement « les deux ! », mais quelle que soit l'identité du semeur, la puissance qui nous change la vie est dans la parole de Dieu.

b – La parabole de la lampe (4:21-25)

Dans cette deuxième parabole Jésus compare la parole à une lampe. L'enseignement de la parole de Dieu nous révèle quelles sortes de personnes nous sommes et si nous sommes ou non spirituellement ouverts. Si je n'écoute pas attentivement, je ne comprendrai plus le peu que j'ai saisi ; mais si je suis ouvert à Dieu, je comprendrai de plus en plus (25). La Parole de Dieu est tellement puissante.

c – La parabole de la semence (4:26-29)

Seul Marc nous raconte cette parabole : elle convient parfaitement à son thème en Bloc B. Jésus souligne encore la puissance que contient la parole de Dieu. La croissance certaine qui suit la semence ne dépend pas du semeur : « qu'il dorme ou qu'il veille, nuit et jour la semence germe et croît sans qu'il sache comment » (27).

Jésus encourage ses disciples découragés. Quand la parole de Dieu est semée la croissance est certaine : « La terre produit d'elle-même » (28). La moisson, elle, est aussi certaine (29). Il n'y a pas d'ingrédient secret qui fait croître, nous dit Jésus : la puissance est dans la parole elle-même.

d – La parabole du grain de moutarde (4:30-34)

Le message ici est plus ou moins identique à celui de la parabole précédente. Mais Jésus souligne la puissance de la parole de Dieu de deux manières : d'abord il choisit le grain le plus petit connu au premier siècle pour enseigner les débuts apparemment insignifiants quand le message du royaume est enseigné. Puis, « il devient plus grand que tous les légumes » (32). Le fait que « les oiseaux du ciel peuvent habiter sous son ombre » (32) n'indique peut-être que l'importance de la taille maximale de la plante. De toute façon, Jésus est absolument certain que le royaume de Dieu croîtra, parce que la parole de Dieu est tellement puissante.

Il n'est pas difficile de savoir pour quelle raison Marc a choisi ces quatre paraboles parmi d'autres qu'il aurait connues. Quatre paraboles suivies de quatre miracles conviennent à la structure que Marc a choisie pour son évangile ; dans ces quatre paraboles Jésus nous enseigne la puissance de la parole de Dieu.

Quatre miracles au sujet de la puissance de Jésus (4:35-5:43)

d' – La tempête apaisée (4:35-41)

Pourquoi Marc a-t-il choisi ces quatre miracles pour la deuxième partie du Bloc B ? La réponse n'est pas difficile. Ils nous montrent le pouvoir de Jésus dans tous les domaines de la vie : la nature (4:35-41), le mal (5:1-20), la maladie (5:25-34) et la mort (5:21-43). Si Jésus est Seigneur de tous ces domaines dans lesquels, en tant qu'êtres humains, nous éprouvons constamment notre faiblesse, il est Seigneur de tout. Les ramifications sont effrayantes et accablantes, comme les disciples commencent à le comprendre en 4:41. Si nous regardons de plus près ce premier miracle cela deviendra plus clair.

Marc dépeint un tableau très marqué de la férocité de la tempête (37). Les disciples, dont quatre sont pêcheurs expérimentés qui connaissent bien le climat de la Galilée, pensent que le bateau risque vraiment de couler et qu'ils risquent de se noyer tous (38). Ils sont surpris du fait que Jésus arrive à dormir, et le réveillent, probablement parce qu'ils croient qu'un miracle est nécessaire et possible.

Marc nous montre Jésus comme maître absolu de la situation. Il y a au moins deux faits surprenants au verset 39 : premièrement, Jésus parle au vent et aux vagues comme on parlerait à un chien pour l'empêcher de bondir : « Silence, tais-toi ! ». Puis, deuxièmement, la nature lui obéit. C'est déjà étonnant que le vent se calme, mais les vagues disparaissent immédiatement, au lieu de s'estomper petit à petit : « il y eut un grand calme ». Pour Jésus cela n'a rien de remarquable : « Puis il leur dit : Pourquoi avez-vous ainsi peur ? Comment n'avez-vous point de foi? » (40)

Utilisant sa structure miroir, Marc a relié ce miracle à la parabole du grain de moutarde. Tout comme le grain de moutarde, la question concernant l'identité de l'homme à la poupe (41) est un tout petit début ; mais de ce miracle époustouflant, et de la question qu'il soulève, est née la foi des disciples et de millions de personnes dont la vie a été transformée par le pouvoir de Jésus. Moi, qui écris ces paroles et vous, qui les lisez, nous faisons partie de cette plante, « la plus grande des plantes du jardin » (32).

c' – Le démoniaque guéri (5:1-20)

Il semble que Marc relie ce miracle à la parabole de la semence seulement par une expression : la phrase « nuit et jour » se trouve seulement ici (4:27 ; 5:5), dans l'évangile de Marc. Mais il y a plus que cela. Le mal agit cons-

Section Deux : La Puissance (Marc 3:13-6:6) 31

tamment pour détruire les êtres humains (5:5), mais le royaume de Dieu est en croissance perpétuelle (4:27). Ce passage va nous montrer lequel est le plus fort.

Marc souligne encore l'impuissance des hommes pour freiner l'influence du mal chez cet homme (1-5) : « personne ne pouvait plus le lier même avec une chaîne » (4). C'est une image terrible du pouvoir destructeur du péché et du mal. Les démons reconnaissent encore une fois qui est Jésus (7) et une conversation étrange s'ensuit, pendant laquelle Légion semble négocier avec Jésus sur ce qui doit lui arriver, et lui demande d'être renvoyé dans les pourceaux.

Cela nous pose pas mal de questions, mais il ne faut pas qu'elles nous détournent du message principal de Marc. Les forces du mal peuvent faire seulement ce qu'il leur est permis par Jésus ; les démons en sont conscients : « Il le leur permit, et les démons sortirent et entrèrent dans les pourceaux » (13a). Le mal ne peut rien contre la puissance majestueuse de Jésus.

La réponse à ce miracle est la peur (15b, cf. 4:41), pas du tout parce qu'ils ont perdu leurs pourceaux mais parce qu'ils ont vu la preuve indiscutable de ce que Jésus peut faire dans la vie de quelqu'un : « ils virent celui qui avait eu la légion, assis, vêtu et dans son bon sens ; et ils furent saisis de frayeur » (15). Ils ont peur de Jésus et de son pouvoir.

Jésus ne permet pas à l'homme ainsi libéré de l'accompagner ; il doit raconter à sa famille ce que Dieu a fait pour lui, même si des paroles sont superflues après une telle transformation. Ici, Jésus n'insiste pas sur la nécessité du silence (à la différence de 1:44, et 5:43, par exemple), probablement parce que la région est païenne (v.1 et 20 ; en effet, les Juifs n'auraient pas eu de pourceaux). Les habitants n'ont pas de préjugés sur le Messie, probablement parce qu'ils n'en ont pas sur la manière dont Dieu interviendrait par lui dans l'histoire humaine.

Marc termine son récit en disant que l'homme commence à raconter ce que Jésus (non pas Dieu) a fait pour lui (20). Il est peu probable que l'homme reconnaisse Jésus comme Dieu, mais Marc a l'intention de nous montrer que l'étonnant pouvoir de Jésus pour transformer les vies n'est rien de moins que le pouvoir de Dieu lui-même. Ceci est la réponse à la question des disciples (4:41).

b' – La guérison de la femme malade (5:25-34)

Ce miracle est dans un texte sandwich ; il interrompt la progression de Jésus vers Jaïrus pour guérir sa fille. Marc souligne encore une fois l'impossibilité de la situation : la femme souffre de saignement interne depuis douze ans et les médecins n'ont fait qu'aggraver sa condition (25-26). Elle est donc gravement malade, rituellement impure, extrêmement pauvre et désespérément seule. Elle s'approche de Jésus dans la foule, touche son vêtement et en est immédiatement guérie (27, 28).

Écoutez-moi ! nous dit Marc : Jésus est tellement puissant que les gens guérissent sans même qu'il décide de les guérir ! La puissance de Dieu coule en lui comme le sang dans ses veines.

Mais Jésus sait que quelque chose s'est passé : « Jésus connut aussitôt en lui-même qu'une force était sortie de lui » (30b). Malgré l'incrédulité des disciples au verset 31, Jésus veut impérativement savoir qui, de tous ces gens de la foule, l'a touché. Il attend que la femme vienne lui dire « toute la vérité » (33). Pour la deuxième fois dans l'évangile nous voyons Jésus répondant à la foi (34, cf. 2:5).

Cette guérison, extraordinaire parce qu'involontaire, par la puissance de Jésus devrait nous remplir d'étonnement. Mais Marc veut que nous voyions plus loin. La structure du Bloc B relie ce miracle (b') à la parabole de la lampe (b, 4:21-25). Il nous est facile de nous rappeler de la guérison de cette femme quand nous lisons en 4:22 : « Car il n'est rien de caché qui ne doive être découvert, rien de secret qui ne doive être mis au jour ». C'est exactement ce que Jésus fait en 5:30-34, et par le pouvoir qui réside en lui il veut faire la même chose chez nous.

a' – La résurrection de la fille de Jaïrus (5:21-43)

Le désespoir grandissant du chef de la synagogue (22) a dû rendre insupportable la conversation de Jésus avec la femme. Mais, quand arrive la nouvelle de la mort de sa fille (35), Jésus le rassure : « Ne crains pas, crois seulement » (36).

Jaïrus, apparemment, fait confiance à Jésus ; la foi de la femme l'a peut-être fortifié. Quand ils arrivent à la maison et que Jésus dit : « Pourquoi faites-vous du bruit et pourquoi pleurez-vous ? L'enfant n'est pas morte, mais elle dort » (39), ce ne sont pas Jaïrus et sa femme qui se moquent de lui, mais les autres qui se sont rassemblés pour pleurer la jeune fille décédée.

Marc relie ce passage à la parabole du semeur (a, 4:1-20). Quand la Parole de Dieu est annoncée, il y aura différentes réponses. Certains se moqueront du message et le rejetteront, mais d'autres croiront.

Revenons chez Jaïrus. En 4:39 Jésus avait adressé la parole à la tempête. Ici il parle à une fille décédée, et elle lui obéit : « Aussitôt la jeune fille se leva, et se mit à marcher » (42). Comme il le fait souvent, Jésus leur demande de ne pas ébruiter le miracle ; reconnaissant la profondeur de leur étonnement (42), il leur rappelle que la jeune fille a besoin de manger (43).

Section Deux : La Puissance (Marc 3:13-6:6) 33

Le message de Marc est très clair : le pouvoir de Jésus est tellement grand que la nature, le mal, la maladie et même la mort doivent lui obéir. Il n'y a pas de situation face à laquelle Jésus se trouve dépourvu. C'est une invitation à lui apporter nos problèmes et à faire confiance à son pouvoir divin.

La structure du Bloc B et le récit magistral de Marc ont répondu à la question : « Comment la vie humaine peut-elle être transformée ? » Les paraboles nous disent que la puissance est dans la parole de Dieu ; les miracles nous disent qu'elle est en Jésus. Et il n'y a pas de distinction : c'est Jésus qui annonce la parole de Dieu en 4:1-34, et c'est sa parole qui apporte la transformation dans les miracles en 4:35-5:43 (voir 4:39 ; 5:8, 34, 41). Marc nous invite à croire en lui.

Bloc C (6:1-6)

Opposition de la part de sa patrie et de sa famille (6:1-6)

La courte conclusion de Marc à la Section Deux nous réintroduit dans le monde du scepticisme et de l'opposition. Jésus est à Nazareth où il avait grandi ; il avait déménagé à Capernaüm plus tard (voir 2:1). Quand il prêche dans sa ville natale il doit faire face à l'étonnement incrédule : « N'est-ce pas le charpentier, le fils de Marie, le frère de Jacques, de Joses, de Jude et de Simon ? Et ses sœurs ne sont-elles pas ici parmi nous ? » (3) Marc explique ce que cela veut dire en ajoutant : « et il était pour eux une occasion de chute » (3b).

Marc comprend très bien quel est le principe qui régit cette situation : « Un prophète n'est méprisé que dans sa patrie, parmi ses parents et dans sa maison » (4). Le contraste est frappant : après les œuvres puissantes du Bloc B Jésus « ne put faire là aucun miracle, si ce n'est qu'il imposa les mains à quelques malades et les guérit » (5). Tant de gens ont éprouvé de l'étonnement au sujet de Jésus (1:22, 27 ; 2:12 ; 5:20, 42) ; maintenant Jésus, à son tour, est étonné à leur égard – ou plutôt à l'égard de leur absence de foi.

La Section Deux se termine donc dans la déception. Tout comme la Section Un s'est terminée avec la conspiration des chefs religieux, la Section Deux se termine avec l'opposition de ceux qui pensent connaître Jésus mieux que les autres.

Apprendre l'évangile

La deuxième section est facile à apprendre. Commencez par le Bloc B : cela ne prendra que quelques minutes pour apprendre par cœur les quatre paraboles suivies des quatre miracles. Ne vous inquiétez pas pour les détails ; vous pourrez en ajouter une fois que le canevas a été appris.

Les Blocs A et C ne poseront pas de problème. Rappelez-vous que le thème du rejet de la part de la famille se trouve dans les deux blocs. Les autres éléments du Bloc A sont la nomination des apôtres et le rejet de Jésus par les chefs juifs (au milieu d'un texte sandwich).

Veuillez prendre le temps d'apprendre la section. Je suis sûr que les premiers chrétiens le faisaient. Plus nous connaissons l'évangile, mieux nous connaîtrons Jésus.

LA PUISSANCE

| A | Nomination des douze apôtres
Opposition de la part de la famille
Opposition de la part des chefs religieux
Encore de l'opposition de la part de la famille | 3 |

| B | a Parabole : le semeur
b Parabole : la lampe
c Parabole : la semence
d Parabole : le grain de moutarde | 1 |

| | d' Miracle : la tempête apaisée
c' Miracle : le démoniaque guéri
b' Miracle : la guérison de la femme malade
a' Miracle : la résurrection de la fille de Jaïrus | 2 |

| C | Opposition de la part de sa patrie et de sa famille | 4 |

A+C :   Opposition

Logique   4 paraboles – la puissance de la parole
de B :   4 miracles – la puissance de Jésus

Rencontrer le Seigneur

La méditation de cette section vous conduira à prier et à adorer. En relisant les paraboles du Bloc B vous aurez peut-être envie de prier pour pouvoir partager cette bonne nouvelle auprès des autres. Demandez au Seigneur de vous aider à ne pas être surpris quand votre message sera rejeté ; demandez-lui de vous aider à attendre aussi des réponses positives.

Vous serez amené à l'adorer en revivant les miracles du Bloc B. Regardez l'autorité de Jésus sur tous les domaines de la vie ; partagez l'étonnement de certaines personnes de la foule et demandez-lui de révéler sa puissance en vous et par vous aujourd'hui.

Je prie pour vous, pour que vous redécouvriez Jésus en relisant Marc.

Section Trois : La Formation (Marc 6:7-8:30)

Jusqu'à maintenant, dans l'évangile, les disciples ont été des témoins des paroles et des actes puissants de Jésus, et ils ont commencé à réfléchir sur la question : « Qui est donc celui-ci ? » (4:41) Ils ont été plutôt des spectateurs, regardant et écoutant. Maintenant, en Section Trois, Jésus les encouragera à s'engager de plus en plus, tout en les formant comme disciples et les aidant à le reconnaître (8:29).

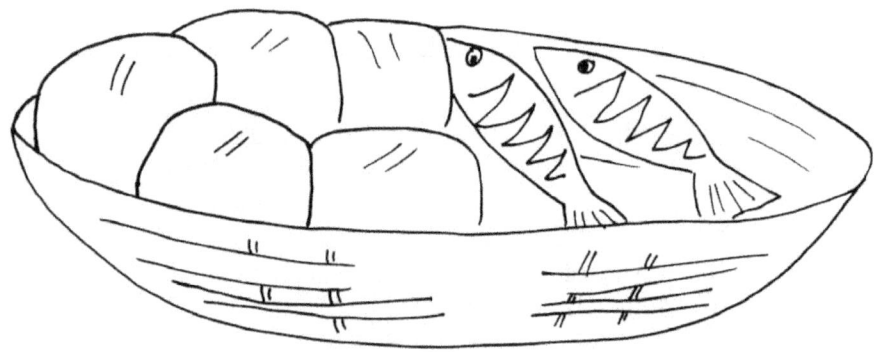

« Tous mangèrent et furent rassasiés. » Marc 6:42

Section Trois: La Formation (Marc 6:7-8:30) 37

Survoler l'ensemble

Bloc A (6:7-33)
    Jésus envoie les douze apôtres (7-13)
    La mort de Jean Baptiste (14-29)
    Le retour des douze apôtres auprès de Jésus (30-33)

Bloc B (6:34-8:10)

a	6:34-44	Jésus nourrit 5.000 personnes
b	6:45-52	Jésus marche sur les eaux
c	6:53-56	Jésus guérit à Génésareth
d	7:1-13	Parole de Dieu et tradition d'hommes
d'	7:14-23	Qu'est-ce qui rend impur ?
c'	7:24-30	Jésus et la femme cananéenne
b'	7:31-37	Jésus guérit un homme sourd et muet
a'	8:1-10	Jésus nourrit 4.000 personnes

Bloc C (8:11-30)
    Les Pharisiens demandent un signe (11-13)
    La perplexité des disciples (14-21)
    L'aveugle guéri en deux étapes (22-26)
    La confession de Pierre (27-30)

Le bloc central de huit passages (Bloc B) commence et se termine par la miraculeuse multiplication des pains pour une foule énorme. Dans les deux cas, Jésus forme les disciples en les encourageant à s'engager. Au milieu du bloc, dans les passages d et d', Jésus s'attaque à deux éléments de l'enseignement traditionnel juif du premier siècle : la tradition des anciens et la question de ce qui rend impur devant Dieu. Ces deux passages sont les piliers sur lesquels repose le bloc entier : dans les passages a, b et c Jésus rencontre les Juifs, tandis que dans les passages c', b' et a', il s'occupe des païens. Il y a donc un développement clair et une logique interne dans la structure du Bloc B.

Les Blocs A et C ont encore une fois quelque chose en commun. Ici ce sont deux personnes importantes, Jean Baptiste et Hérode. En Bloc A Marc raconte l'histoire de la mort de Jean aux mains d'Hérode (6:14-29). En Bloc C, quand Jésus demande aux disciples l'avis des gens au sujet de son identité, l'une des réponses est Jean Baptiste (8:28). Curieusement, un peu plus tôt, Jésus met en garde les disciples contre « le levain des Pharisiens et d'Hérode » (8:15). Dans son récit sur le même passage, Matthieu dit : « le levain des Pharisiens et des Sadducéens » (Matthieu 16:11). Marc semble vouloir créer des poteaux indicateurs pour signaler le début et la fin de la Section Trois.

Il y a deux textes sandwich dans cette section. Le Bloc A en entier en est un : le récit de la mort de Jean Baptiste se trouve entre la mission des disciples et leur retour. Il convient que le second texte sandwich se trouve en Bloc C. Marc raconte la guérison en deux étapes de l'aveugle (8:22-26) : avant, il note la perplexité des disciples (14-21), puis leur conviction, enfin, que Jésus est le Messie (27-30).

Avant de regarder le texte de plus près, prenez le temps de relire Marc 6:7-8:30. Il se peut que vous ayez envie de demander au Seigneur de vous former, tout comme il a alors formé les premiers disciples.

Décortiquer le texte

Bloc A (6:7-33)

Jésus envoie les douze apôtres (6:7-13)

Vers le début de la Section Un, Jésus appelle les premiers disciples (1:16-20). Au début de la Section Deux, il choisit les douze apôtres (3:13-19). Maintenant, au début de la Section Trois, il les envoie en mission et en formation. Comme nous l'avons déjà remarqué, un texte sandwich commence ici.

Les instructions de Jésus (8-10) sont là pour faire comprendre aux disciples qu'ils dépendent de Dieu, et que c'est lui qui pourvoira à tous leurs besoins. S'ils sont rejetés avec leur message dans quelque village que ce soit, Jésus leur dit : « retirez-vous de là, et secouez la poussière de vos pieds » (11), comme signe que la réponse des habitants n'est pas de la responsabilité des disciples.

Les apôtres font trois choses pendant leur mission : ils prêchent la nécessité de la repentance (12), chassent beaucoup de démons et guérissent beaucoup de malades (13). Mais il y a autre chose : au lieu d'écouter et de regarder Jésus, ils mettent en pratique ce qu'ils ont appris. C'est un moment clé de leur formation.

La mort de Jean Baptiste (6:14-29)

Marc nous raconte cette histoire de façon très détaillée, mais il est curieux de constater que le passage n'est pas relaté dans l'ordre chronologique. Jean est très probablement mort depuis quelques mois. Pourquoi Marc choisit-il de nous parler de la mort de Jean maintenant ? Son texte sandwich (7-33) nous

Section Trois: La Formation (Marc 6:7-8:30) 39

donne la réponse. Bien que Marc souligne les craintes, la culpabilité et la mauvaise conscience d'Hérode aux versets 16-29, le contexte plus large des versets 7-13 et 30-33 suggère qu'il veuille nous apprendre quelque chose sur la vie de disciple. Le verset 13 nous montre que la mission des apôtres (7-13) a réussi ; à leur retour auprès de Jésus, ils auront été contents de lui raconter tout ce qu'ils avaient vécu (voir 30). Mais Marc veut nous faire comprendre qu'être disciple a un prix. Jean Baptiste était un fidèle disciple de Jésus : « Jean disait à Hérode : Il ne t'est pas permis d'avoir la femme de ton frère » (18). Sa fidélité, pourtant, lui a coûté la vie (26-29).

Ceci donc est le message de Marc en Bloc A : il ne faut pas être naïf quand nous devenons disciples de Jésus. Les disciples ont éprouvé la puissance de Dieu quand Jésus les a envoyés, vêtus de son autorité (6:7), mais un disciple devra parfois passer par la persécution et même la mort pour Jésus et l'évangile.

Le retour des douze apôtres auprès de Jésus (6:30-33)

Marc termine son texte sandwich en notant la fin de la mission formative : « Les apôtres, s'étant rassemblés auprès de Jésus, lui racontèrent tout ce qu'ils avaient fait et tout ce qu'ils avaient enseigné » (30). Il se soucie d'eux, parce qu'ils ont besoin de nourriture et de repos (31, 32), mais l'occasion leur échappe à cause de l'insistance de la foule (33). Marc nous dit en Bloc A qu'être disciple a un côté positif et un côté négatif.

Bloc B (6:34-8:10)

Trois passages concernant les Juifs (6:34-56)

a – Jésus nourrit 5.000 personnes (6:34-44)

Ce miracle est le seul rapporté par tous les quatre évangélistes ; Matthieu et Marc (8:1-10) ajoutent la seconde multiplication des pains pour 4.000 personnes. Pourquoi est-ce si important qu'une telle foule soit nourrie ?

La réponse se trouve dans la prophétie d'Ésaïe dans l'Ancien Testament. Dans un passage qui prévoit la fin des temps, Ésaïe écrit : « L'Éternel des armées prépare à tous les peuples, sur cette montagne, un festin de mets succulents, un festin de vins vieux, de mets succulents, pleins de moelle, de vins vieux, clarifiés. Sur cette montagne, il anéantit le voile qui voile tous les peuples, la couverture qui couvre toutes les nations ; il anéantit la mort pour toujours. Le Seigneur, l'Éternel, essuie les larmes de tous les visages, il fait disparaître de toute la terre l'opprobre de son peuple ; car l'Éternel a parlé » (Ésaïe 25:6-8). Aujourd'hui, nous appellerions ce passage une description poétique du ciel ; les Juifs du premier siècle appelaient ce festin le banquet messianique qui aura pour hôte le Messie lui-même.

La multiplication des pains pour les 5.000 n'est pas, bien sûr, le banquet messianique, mais elle en est un avant-goût. Les Juifs, qui connaissaient les prophéties de l'Ancien Testament, penseraient tout de suite à Ésaïe 25, et verraient ce miracle comme signe que Jésus est le Messie promis. Dans le quatrième évangile, Jean rapporte qu'après avoir vu le miracle la foule a essayé de forcer Jésus à devenir roi (Jean 6:14-15). Nous remarquons aussi, en passant, combien Jésus répond aux besoins de la foule. Marc écrit : « Quand il sortit de la barque, Jésus vit une grande foule, et fut ému de compassion pour eux, parce qu'ils étaient comme des brebis qui n'ont point de berger ; et il se mit à leur enseigner beaucoup de choses » (34). Le remède pour ceux qui sont perdus n'est pas un miracle, mais un enseignement. Ce dont nous avons besoin plus que toute autre chose, c'est d'entendre la vérité sur nous-mêmes et sur Dieu.

Mais revenons au miracle. Jésus transforme la difficulté en opportunité pour la formation de ses disciples. Quand ils lui demandent de renvoyer la foule pour aller chercher de quoi manger, Jésus répond calmement : « Donnez-leur vous-mêmes à manger » (37a). Les disciples lui répondent que cela coûterait huit mois de salaire. Jésus souligne alors la complexité de la situation et leur demande de découvrir la quantité de nourriture à leur disposition : cinq pains et deux poissons !

Jésus met volontairement les disciples à l'épreuve ; ils sont dépassés. Il l'a déjà fait en Bloc A (voir 7-13), et il le fait encore une fois ici. Un aspect important de leur formation sera de reconnaître leur incapacité à se débrouiller seul, sans Dieu, et de comprendre que le mot « impossible » ne figure pas dans le vocabulaire de Dieu.

Jésus invite les disciples à s'engager de nouveau pendant l'accomplissement du miracle : « Il prit les cinq pains et les deux poissons et, levant les yeux vers le ciel, il rendit grâces. Puis, il rompit les pains, et les donna aux disciples, afin qu'ils les distribuent à la foule » (41). C'est le même principe : les disciples ne sont plus des spectateurs, mais ils mettent en pratique ce qu'ils ont appris. Ils sont en formation pour s'impliquer dans les desseins de Jésus et reconnaître qui il est.

À la fin du paragraphe, Marc souligne l'immensité du miracle en nous disant qu'une fois que tout le monde avait suffisamment mangé « on emporta douze paniers pleins de morceaux de pain et de ce qui restait des poissons » (43). Quand j'invite mes amis, il y a moins de nourriture à la fin du repas qu'au début. Avec Jésus c'est l'inverse !

Section Trois: La Formation (Marc 6:7-8:30) 41

b – Jésus marche sur les eaux (6:45-52)

Maintenant Jésus donne aux disciples une autre expérience de formation. Ils ne sont pas activement impliqués dans ce miracle avant que Pierre ne demande de marcher, lui aussi, sur les eaux (mais Marc choisit de ne pas rapporter la requête de Pierre). Le miracle est peu habituel dans l'évangile de Marc, car les disciples en sont les bénéficiaires. Ils n'assistent pas à quelque chose que Jésus fait pour les autres, mais à quelque chose qu'il accomplit pour eux-mêmes. Cela aussi est de la formation.

Marc nous dit au verset 52 qu'ils « n'avaient pas compris le miracle des pains, parce que leur cœur était endurci ». Le but de ce miracle semble être celui d'aider les disciples à reconnaître qui est Jésus. En effet, juste avant de monter dans la barque, il apaise leur crainte en disant : « Rassurez-vous, c'est moi, n'ayez pas peur ! » En Grec, « C'est moi » égale « Je suis », le nom par lequel Dieu s'est révélé dans l'Ancien Testament (voir Exode 3:14, par exemple). Mais les disciples ne comprennent toujours pas.

c – Jésus guérit à Génésareth (6:53-56)

« Quand ils étaient sortis de la barque » nous dit Marc, « les gens ont aussitôt reconnu Jésus » (54), tandis que les disciples ne le reconnaissent toujours pas très bien. Ce résumé nous montre Jésus répondant sans difficulté aux besoins humains là où il les trouve. Marc ajoute, dans une phrase qui nous rappelle 5:27-29 : « on le priait de leur permettre seulement de toucher le bord de son vêtement. Et tous ceux qui le touchaient étaient guéris » (56).

Que pensent les disciples, témoins de tout ce que fait Jésus ? Se rapprochent-ils de la vérité le concernant ? Il nous faudra attendre le Bloc C avant d'en savoir plus.

Deux critiques du Judaïsme traditionnel du premier siècle (7:1-23)

d – Parole de Dieu et tradition d'hommes (7:1-13)

Bien que l'enseignement de Jésus soit ici suscité par la question sur l'impureté, il n'y répond pas directement avant les versets 14-23. Ici, aux versets 1-13, Jésus explique aux chefs juifs que leur position vis-à-vis de la question est le symptôme d'un problème beaucoup plus profond. Le sujet est primordial et très important dans la formation des disciples.

Selon les Juifs du premier siècle il y avait deux sources de révélation divine : la parole écrite de Dieu et la tradition orale transmise d'une génération à l'autre. Cette seconde source s'appelait « la tradition des anciens » (3, 5). Jésus accuse les chefs juifs de ne pas reconnaître l'origine purement humaine de la tradition orale. Il insiste même jusqu'à dire : « Vous abandonnez le commandement de Dieu, et vous observez la tradition des hommes » (8).

Autrement dit, ils rejettent la parole de Dieu en faveur des idées humaines. Pour insister sur ce point, Jésus devient mordant : « Vous anéantissez fort bien le commandement de Dieu pour garder votre tradition » (9). Il ajoute que ce n'est pas un phénomène récent : Ésaïe avait déjà prophétisé en annonçant que « leurs préceptes ... sont des commandements d'hommes » (7).

Jésus donne un exemple de ce que cela veut dire dans la vie courante. L'Ancien Testament insiste sur ce point : nous devons honorer notre père et notre mère. Néanmoins, un enseignement des anciens permettait à un enfant de ne pas pourvoir aux besoins des parents en difficulté si l'argent de l'enfant était consacré à Dieu, ou « Corban » (voir aux versets 10-12). Jésus résume la situation : « Vous annulez ainsi la parole de Dieu par votre tradition que vous avez établie » (13). Et malheureusement, ce n'est pas un exemple isolé : « Et vous faites beaucoup d'autres choses semblables » (13b).

Jésus ne s'attaque pas à la tradition humaine en elle-même. Cependant, la tradition usurpe la place de la parole de Dieu lorsqu'elle prend la même autorité.

Ces versets constituent un véritable assaut contre les autorités juives de Jérusalem. Avant de citer la parole d'Ésaïe : « Ce peuple m'honore des lèvres, mais son cœur est éloigné de moi, » Jésus leur dit : « Hypocrites, Ésaïe a bien prophétisé sur vous » (6).

Curieusement, Marc ne nous dit rien sur la réaction des chefs (nous pouvons nous imaginer ce qu'ils ont ressenti !). L'intérêt en Section Trois est la formation des disciples. Ils écoutent (2, 17) et ils apprennent qu'on ne doit pas permettre à la tradition humaine de contredire la parole de Dieu.

d' – Qu'est-ce qui rend impur ? (7:14-23)

Jésus revient au sujet précédent : qu'est ce qui rend les gens impurs devant Dieu ? Selon la tradition juive du premier siècle, c'est le contact externe avec le péché et les pécheurs. Marc nous a déjà donné un exemple de ce point de vue précédemment dans son évangile (2:15-16).

Mais Jésus insiste sur le fait que le péché dans notre cœur est ce qui nous rend impurs devant Dieu, et non les influences externes : « Il n'est hors de l'homme rien qui, entrant en lui, puisse le souiller ; mais ce qui sort de l'homme, c'est ce qui le souille » (15).

Dans les versets 17-23 Jésus est seul avec ses disciples. Il leur enseigne que le cœur humain est mauvais : « Car c'est du dedans, c'est du cœur des hommes, que sortent les mauvaises pensées, les adultères, les impudicités, les meurtres, les vols, les cupidités, les méchancetés, la fraude, le dérèglement, le regard envieux, la calomnie, l'orgueil, la folie. Toutes ces choses mauvaises sortent du dedans et souillent l'homme » (21-23).

Si nous ne croyons pas cela, nous penserons pouvoir nous sauver nous-mêmes par nos propres efforts. Jésus nous a déjà dit au festin de Lévi : « Je ne suis pas venu appeler des justes, mais des pécheurs » (2:17).

Trois passages concernant les païens (7:24-8:10)

c' – Jésus et la femme cananéenne (7:24-30)

Les trois premiers passages du Bloc B (a, b et c) concernaient les Juifs. Maintenant, après la critique du Judaïsme traditionnel (d et d'), Marc termine le bloc par trois passages concernant les païens (c', b' et a').

Les disciples ont, bien sûr, déjà vu Jésus faire preuve d'amour à l'égard d'un païen (5:1-20), et une fois de plus il entre dans une région païenne (24). Pourtant, sa réaction envers cette femme païenne n'a vraiment rien d'aimable : « Laisse d'abord les enfants se rassasier ; car il n'est pas bien de prendre le pain des enfants et de le jeter aux petits chiens » (27). La remarque n'est pas aussi dure qu'elle ne le paraît. Il est vrai que les Juifs appelaient les païens des chiens, mais Jésus utilise un mot différent, pas celui du chien sauvage de la rue, mais celui du chien de compagnie. Néanmoins, il insiste qu'à ce stade du plan de salut de Dieu, Israël a la priorité.

Ce qui est important chez cette femme, est le fait qu'elle accepte cette optique tout en reformulant sa requête : « Oui, Seigneur, lui répondit-elle, mais les petits chiens sous la table mangent les miettes des enfants » (28). Jésus, à son tour, répond à la femme en guérissant sa fille, sans même que celle-ci soit présente !

b' – Jésus guérit un homme sourd et muet (7:31-37)

Jésus rentre dans la région où il avait chassé Légion (31, cf. 5:20). Des quatre auteurs des évangiles, seul Marc nous raconte cette histoire. Les actions de Jésus aux versets 33 et 34 aident l'homme à croire qu'il est sur le point de vivre un miracle, ce qui se produit au verset 35.

« Ils étaient dans le plus grand étonnement », nous dit Marc (37), tout comme les disciples après le passage miroir où Jésus avait marché sur les eaux (6:51). « Il fait tout à merveille ; même il fait entendre les sourds et parler les muets », disent-ils (27b), ce qui est presque une citation d'Ésaïe 35:5-6 au sujet de la venue du Messie. Ce sont des païens qui ignorent l'Ancien Testament, mais sans s'en rendre compte, ils reconnaissent qui est Jésus.

a' – Jésus nourrit 4.000 personnes (8:1-10)

Si ce miracle, comme la première multiplication (6:34-44), est un avant-goût du banquet messianique, il est particulièrement intéressant, parce que les invités sont des païens. La plupart des Juifs du premier siècle supposaient que ce banquet serait seulement pour Israël, malgré la prophétie d'Ésaïe 25:6, déjà citée, qui parle d'un festin pour tous les peuples.

Une fois encore, Jésus encourage les disciples à s'engager et souligne la difficulté de la situation. Après la distribution par les disciples, Marc nous dit : « Ils mangèrent et furent rassasiés, et l'on emporta sept corbeilles pleines des morceaux qui restaient » (8).

Si nous sommes surpris qu'ils aient déjà oublié le premier miracle, nous verrons tout à l'heure que Jésus, lui aussi, s'étonne qu'ils soient si lents à saisir la vérité.

La structure du Bloc B nous a montré Jésus formant ses disciples ; ils apprennent à le servir et commencent à reconnaître qui il est. Lors de la rencontre tendue avec les Juifs au milieu du bloc, les disciples ont appris trois choses : que les gens religieux peuvent être parfois hypocrites, que la parole de Dieu a plus d'autorité que n'importe quelle tradition humaine, et que le cœur humain est désespérément corrompu.

Mais ils ne sont toujours pas sûrs de l'identité de Jésus.

Bloc C (8:11-30)

Les Pharisiens demandent un signe (8:11-13)

Nous pourrions penser que Jésus a donné suffisamment de preuves de son autorité et de son identité dans ses miracles et son enseignement, mais les Pharisiens demandent un signe du ciel. Jésus, pourtant, refuse d'aider ceux qui sont spirituellement fermés. Marc nous dit : « Puis il les quitta » (13), physiquement, bien sûr, mais il y a peut-être une signification encore plus profonde.

La perplexité des disciples (8:14-21)

Jésus avertit les disciples de ne pas se laisser influencer par les Pharisiens et Hérode (14-15). Que veut-il dire ? Nous avons vu l'erreur capitale des Pharisiens dans les passages d et d' du Bloc B de cette section : leurs traditions sont devenues plus importantes que la parole de Dieu. C'est un danger constant pour tout disciple de Jésus. Même les traditions utiles risquent de devenir plus importantes à nos yeux que la Bible elle-même. Un autre aspect du

Section Trois: La Formation (Marc 6:7-8:30) 45

levain des Pharisiens est le désir d'avoir des preuves, autrement dit, le refus de croire (voir 8:11-13).

Qu'est-ce que Jésus veut dire quand il parle du levain d'Hérode ? L'histoire détaillée de la décapitation de Jean Baptiste en Bloc A nous donne la réponse. En 6:17-20, Marc nous dit qu'Hérode se plaisait à écouter Jean et le protégeait, « le connaissant pour un homme juste et saint » (20).

Puis il fait une promesse impulsive à la fille d'Hérodias, qui lui demande la tête de Jean, encouragée par sa mère (25). Immédiatement nous lisons : « Le roi fut attristé ; mais, à cause de ses serments et des convives, il ne voulut pas lui faire un refus » (26). Le levain d'Hérode est de désobéir à la parole de Dieu par crainte des réactions des autres.

Nous avons donc un moment clé de la formation des disciples : « Gardez-vous avec soin du levain des Pharisiens et du levain d'Hérode » (8:15). Nos propres traditions et notre crainte des autres peuvent nous empêcher d'être des fidèles disciples de Jésus.

Mais Jésus voit que les disciples sont perplexes ; ils pensent qu'il parle du pain ! Lui aussi s'étonne : « Ayant des yeux, ne voyez-vous pas ? Ayant des oreilles, n'entendez-vous pas ? » (18), et puis il leur donne un test de mémoire sur les miracles, mais ils restent perplexes sur l'identité de celui qui les a faits. Il leur dit alors : « Ne comprenez-vous pas encore ? » (21)

L'aveugle guéri en deux étapes (8:22-26)

Comme nous avons vu au début de la Section Trois, cette guérison se trouve au milieu d'un texte sandwich qui a commencé au verset 14 et se terminera au verset 30. Ce passage est très étrange ; les autres évangélistes ont peut-être décidé de ne pas le raconter parce qu'il est difficile à comprendre. En effet, nous ne savons pas pourquoi la guérison se produit en deux étapes.

Pourtant, nous connaissons, d'après le contexte, les conclusions que Marc veut que nous tirions. La vue spirituelle se produit rarement instantanément ; arriver à voir qui est Jésus et ce que cela veut dire pour nous est un processus pendant lequel Jésus nous ouvre les yeux petit à petit à la vérité dont nous avons besoin. Au verset 25 Marc écrit cette parole : « Jésus lui mit de nouveau les mains sur les yeux ; et quand l'aveugle regarda fixement, il fut guéri, et vit tout distinctement ».

Ceci n'est pas un processus qui se termine quand quelqu'un devient chrétien. Un disciple ne doit pas commettre l'erreur de penser qu'il connaît suffisamment bien Jésus ; le but le plus important de la formation est de nous ouvrir les yeux pour que nous le voyions encore plus distinctement.

La confession de Pierre (8:27-30)

La fin du texte sandwich nous amène au point culminant de la Section Trois. Alors, nous découvrirons combien de progrès ont fait les disciples dans le programme de formation par lequel Jésus les a fait passer.

Césarée de Philippe, tout près de la frontière nord d'Israël, est une région où il ne se passe pas grand-chose. C'est comme si Jésus affichait une note à la porte : « Ne dérangez pas ». Après avoir écouté l'avis de la foule au sujet de son identité, Jésus en vient à la question importante : « Et vous, leur demanda-t-il, qui dites-vous que je suis ? » (29)

Jésus pose la question aux douze disciples parce qu'il sait qu'ils en parlaient entre eux. Pierre, donc, répond pour tout le monde : « Tu es le Christ » (29). C'est une réponse extraordinaire : Jésus est le Sauveur que Dieu a promis il y a longtemps dans l'Ancien Testament. Après cette période d'observation, d'écoute, d'étonnement et d'apprentissage, Pierre et ses amis voient enfin ; spirituellement parlant, Jésus a mis les mains sur leurs yeux (cf. 25).

Bien qu'il leur reste beaucoup à apprendre, la formation en Section Trois a réussi. Marc a terminé la première moitié de son évangile et veut que nous imaginions Jésus se retournant pour nous poser la question : « Qui dites-vous que je suis ? »

C'est l'une des questions les plus importantes qu'on puisse nous poser, et la réponse nous changera la vie pour toujours.

Apprendre l'évangile

Commencez encore une fois avec le Bloc B. Marc nous a facilité la tâche : rappelez-vous que le bloc commence et se termine avec une multiplication des pains. Dans les passages d et d' nous voyons Jésus s'affronter à la religion juive du premier siècle. Avant cela, il y a trois rencontres avec les Juifs et après trois rencontres avec les païens (les multiplications incluses).

Les textes sandwich des Blocs A et C les rendent faciles à apprendre. Si vous vous souvenez que le thème de la Section Trois est la formation, cela se comprendra plus facilement. Je suis sûr que Marc a écrit son évangile pour que nous l'apprenions par cœur, et je suis sûr que vous vous y plairez ; vous n'avez qu'à commencer !

Section Trois: La Formation (Marc 6:7-8:30)

LA FORMATION

A	Jésus envoie les douze apôtres La mort de Jean Baptiste Le retour des douze apôtres auprès de Jésus	4

B	a Jésus nourrit 5.000 personnes b Jésus marche sur les eaux c Jésus guérit à Génésareth	2

d Parole de Dieu et tradition d'hommes d' Qu'est-ce qui rend impur ?	1

c' Jésus et la femme cananéenne b' Jésus guérit un homme sourd et muet a' Jésus nourrit 4.000 personnes	3

C	Les Pharisiens demandent un signe La perplexité des disciples L'aveugle guéri en deux étapes La confession de Pierre	5

A+C :	Hérode (6:14 / 8:15)
Logique de B :	d, d' : Jésus affronte les autorités juives a, b, c : 3 rencontres avec Juifs c', b', a' : 3 rencontres avec païens

Rencontrer le Seigneur

Vous pourriez peut-être essayer de prier tout en faisant une promenade ; parlez au Seigneur de tout ce qu'il fait en Section Trois pour former les disciples et pour leur ouvrir les yeux. Je crois que vous vous trouverez très vite dans une attitude de reconnaissance et d'adoration, car vous vous rendrez compte qu'il est aussi à l'œuvre chez vous.

En effet, si vous avez reconnu Jésus comme le Messie, c'est parce qu'il vous a ouvert les yeux. Mais il reste tant à découvrir ! Demandez-lui de vous aider à éviter le levain des Pharisiens et d'Hérode, et surtout, de vous aider à le voir plus distinctement.

L'évangile ne concerne pas seulement Jésus et les disciples au premier siècle ; il concerne Jésus et vous au 21ème.

Je prie que vous rencontriez Jésus de nouveau en lui parlant.

Section Quatre : Le Prix (Marc 8:31-10:52)

Les disciples ont reconnu Jésus comme Messie (8:29), mais il leur reste beaucoup à apprendre. Dans la Section Quatre, Jésus ne fait que deux miracles et passe beaucoup plus de temps seul avec ses disciples. Son enseignement répond à deux questions : combien en coûtera-t-il à Jésus d'apporter le pardon des péchés aux hommes et aux femmes ? Et combien en coûtera-t-il aux disciples de le suivre ?

« Si quelqu'un veut venir après moi, qu'il renonce à lui-même, qu'il se charge de sa croix, et qu'il me suive. » Marc 8:34b

Survoler l'ensemble

Bloc A (8:31-9:29)
    La première prédiction (8:31-33)
    L'appel à suivre Jésus (8:34-9:1)
    La transfiguration (9:2-13)
    Jésus chasse un démon (9:14-29)

Bloc B (9:30-10:31)

a	9:30-32	La deuxième prédiction
b	9:33-37	« C'est moi, le plus grand ! »
c	9:38-41	« C'est nous, les seuls vrais ! »
d	9:42-50	« Cela ne fait rien, le péché ! »
d'	10:1-12	Attitudes vis-à-vis du mariage
c'	10:13-16	Attitudes vis-à-vis des enfants
b'	10:17-27	Attitudes vis-à-vis des possessions
a'	10:28-31	La récompense de tout disciple

Bloc C (10:32-52)
    La troisième prédiction (32-34)
    La demande de Jacques et Jean (35-45)
    La guérison de l'aveugle Bartimée (46-52)

Cette section contient trois prédictions similaires sur la mort de Jésus. Marc a donc décidé d'en utiliser une pour commencer chaque bloc (10:45 est un peu différent). Le Bloc B est encore une fois bien structuré : les passages b, c et d résument trois erreurs qui guettent les disciples, tandis que les passages d', c' et b' introduisent trois domaines où les disciples doivent être radicalement différents du monde qui les entoure. Une fois de plus, Marc a soigné la structure de la section.

Suivre Jésus est le theme qui relie les Blocs A et C (à part la première et la troisième prédictions). En 8:34 Jésus dit à la foule : « Si quelqu'un veut venir après moi, qu'il renonce à lui-même, qu'il se charge de sa croix, et qu'il me suive ». Au dernier verset de la Section Quatre, à la fin du Bloc C, Bartimée, qui maintenant voit Jésus, commence à le suivre (10:52).

Même si la Section Quatre souligne le prix à payer pour être disciple, il y a un autre thème à noter. Ce qui motive Jésus pour aller à la croix et peut motiver les disciples à le suivre est la certitude de la gloire à venir (voir, par exemple, 9:2-8, 41 ; 10:29-30, 37).

Il serait bon, en gardant tout cela à l'esprit, de prendre le temps de lire la Section Quatre en entier pour en apprécier la structure. N'hésitez pas à arrêter votre lecture pour adorer et prier.

Décortiquer le texte

Bloc A (8:31-9:29)

La première prédiction (8:31-33)

Marc a fait attention au choix des mots au verset 31 : « Alors, il commença à leur apprendre qu'il fallait que le Fils de l'homme souffre beaucoup … » Dans les trois premières sections de l'évangile, Jésus n'a pas parlé ouvertement de sa mort ; ce n'est que maintenant, lorsque les disciples ont compris qu'il est le Messie, que Jésus peut commencer à leur expliquer quelle sorte de Messie il va être. Le Fils de l'homme glorieux (voir Daniel 7:13-14) *doit* souffrir, non pas parce que les chefs juifs sont plus forts que lui, mais parce que c'est le dessein de Dieu pour le salut du monde.

Mais Pierre n'en veut pas du tout : « … l'ayant pris à part, il se mit à le reprendre » (32). Les attentes juives d'un Messie politique qui libérerait son peuple de l'occupation romaine étaient monnaie courante au premier siècle, et c'est normal que Pierre les partage. Il est néanmoins surprenant que Pierre, ayant reconnu Jésus comme Sauveur promis de Dieu, se mette à lui dire comment il doit accomplir la volonté de Dieu.

La réprimande qui suit est choquante : « Arrière de moi, Satan ! car tu ne conçois pas les choses de Dieu, tu n'as que des pensées humaines » (33). Cela a été une forte tentation pour Jésus : humainement parlant, il doit vouloir éviter la croix. Il est pourtant possible que le début du verset 33 nous dise comment Jésus a pu résister à la tentation : « Mais Jésus, se retournant et regardant ses disciples, réprimanda Pierre. » Seul Marc nous dit que Jésus les a tous regardés avant de réprimander Pierre. Il se peut que Pierre ne l'ait jamais oublié, et l'ait transmis à Marc. En regardant les disciples, Jésus se rappelle que ses amis ne pourront jamais être pardonnés s'il refuse cette mort. Son amour pour eux lui donne la force d'aller à la croix.

L'appel à suivre Jésus (8:34-9:1)

Après avoir parlé du prix que Jésus doit payer, l'accent est mis sur ce qu'il en coûtera aux disciples de le suivre. Jésus parle ensuite à la foule (34), et le message est clair : les disciples qui veulent suivre un Messie souffrant doivent eux aussi souffrir. Cela fait mal de renoncer à soi-même, de refuser une vie égoïste ; ceux qui se chargent de la croix acceptent la possibilité de mourir en martyr. C'est ce que signifie suivre Jésus.

Aux versets 35 et 36, Jésus nous dit pourquoi il est vraiment logique de prendre cette décision radicale. La meilleure explication vient du martyr Jim Elliot, mort en 1956 lors d'une première campagne d'évangélisation auprès des indiens Auca de l'Amérique du Sud : « Il n'est pas fou celui qui donne ce qu'il ne peut pas garder, pour gagner ce qu'il ne peut pas perdre ».

Jésus avertit alors ses auditeurs des conséquences à supporter s'ils ont honte de lui et de ses paroles : « Le Fils de l'homme aura aussi honte de lui, quand il viendra dans la gloire de son Père, avec les saints anges » (38). Notons bien que Jésus se voit même plus important que le Fils de l'homme ; quand il parle de son retour dans la gloire de son Père, il s'octroie par voie de conséquence le titre de Fils de Dieu (voir 1:11 ; 3:11).

L'interprétation la plus claire de 9:1 est que Jésus parle de la transfiguration, une sorte d'avant-première de son glorieux retour à la fin des temps. Marc semble le comprendre de cette façon, car il ne nous dit rien sur ce qui se passe dans les jours entre 9:1 et 9:2.

La transfiguration (9:2-13)

La clarté de l'enseignement de Jésus au sujet du prix du royaume pour lui (8:31-33) et pour ceux qui désirent le suivre (8:34-38) aurait pu décourager les disciples. Par contre, le souvenir de cette révélation de la gloire divine de Jésus donnera à Pierre, Jacques et Jean le courage de continuer, quelle que soit l'intensité de l'opposition.

Moïse et Élie rejoignent Jésus sur la montagne (4), même si Jésus seul est transfiguré. Ils représentent peut-être la totalité de la révélation de l'Ancien Testament (la Loi et les Prophètes), mais ils ont quelque chose de plus en commun. L'alliance de Dieu avec Israël a été faite sous Moïse (voir Ex 24:8), mais Élie a vu qu'Israël l'avait rompue (voir 1 Rois 19:10). Dieu avait alors promis une nouvelle alliance (Jérémie 31:31-34 ; Joël 2:28-32 ; Ézéchiel 36:24-27). C'est Jésus qui va établir cette alliance, tout comme Jean Baptiste l'avait fait comprendre au début de l'évangile (1:8). Jésus lui-même va l'enseigner clairement vers la fin (14:24). Il est donc logique que Moïse et Élie soient là.

D'après sa suggestion au verset 5, Pierre semble n'établir aucune différence entre Moïse, Élie et Jésus ; pour la deuxième fois dans l'évangile donc, Dieu le Père parle du ciel : « Celui-ci est mon Fils bien-aimé : écoutez-le ! » (7). Au baptême de Jésus, les paroles étaient pour Jésus lui-même (1:11) ; ici, à la transfiguration, elles sont pour Pierre, Jacques et Jean. La phrase « Écoutez-

Section Quatre: Le Prix (Marc 8:31-10:52) 53

le » rappelle la parole de Moïse au sujet du prophète-Messie qui viendra (Deut 18:15). Cette parole trouve son accomplissement en Jésus.

Pendant la descente de la montagne, les disciples se demandent ce que Jésus veut dire par « ressusciter des morts » (9-10). Ils posent cependant une toute autre question, probablement parce qu'ils viennent de voir Élie : « Pourquoi les scribes disent-ils qu'il faut qu'Élie vienne premièrement ? » (11) Jésus répond que les théologiens ont raison (voir Malachie 3:1 ; 4:5), mais qu'Élie est déjà venu. C'est une référence à Jean Baptiste, qui n'était pas la réincarnation d'Élie (ce qui contredirait l'enseignement de la Bible), mais une sorte d'Élie (voir, par exemple, Luc 1:13-17), qui prépare le chemin pour Jésus. Le verset 13 nous rappelle que le prix à payer pour être disciple était déjà un thème dans la Section Trois (6:14-29).

Jésus chasse un démon (9:14-29)

Ceci est le dernier passage du Bloc A. Il se peut que Marc ait utilisé sa technique de texte sandwich pour le raconter. Les versets 14-19 et 28-29 parlent de Jésus et de l'incapacité des neuf disciples de guérir le garçon, tandis que les versets 20-27 nous montrent comment Jésus fait le miracle. Le thème clé dans les trois sections est la foi. Elle est indispensable à tous ceux qui désirent suivre Jésus.

Aux versets 14-19 Jésus, Pierre, Jacques et Jean reviennent de leur expérience sur la montagne pour faire face à un monde qui souffre (représenté ici par le père et son fils, 17-18), et à l'impuissance des disciples. Le père explique : « J'ai prié tes disciples de chasser l'esprit, et ils n'ont pas pu » (18b).

Jésus explique cet échec par leur manque de foi : « Race incrédule », leur dit Jésus, « jusques à quand serai-je avec vous ? Jusques à quand vous supporterai-je ? » (19a)

Aux versets 20-27, Jésus parle au père de la condition de son fils et soulève encore le problème de la foi. Dans son angoisse l'homme crie : « Mais, si tu peux quelque chose, viens à notre secours, aie compassion de nous » (22). Jésus répond tout de suite : « Si tu peux ! ... Tout est possible à celui qui croit » (23). Le père, exténué, répond : « Je crois ! Viens au secours de mon incrédulité ! » (24). Alors, Jésus guérit le garçon avant que n'arrivent trop de spectateurs (25-27).

Le thème de la foi est aussi présent aux versets 28 et 29. Quand les disciples demandent à Jésus d'expliquer leur incapacité à chasser le démon, malgré l'autorité qu'il leur avait donnée pour le faire (voir 3:15 et 6:7, 13), il répond : « Cette espèce-là ne peut sortir que par la prière » (29).

Il y a évidemment un lien entre la prière et la foi, entre l'incrédulité et l'impuissance dans les choses spirituelles. Le message est clair : les disciples ont besoin d'apprendre à ne pas faire confiance à leurs dons, à l'autorité que Jésus leur a donnée non plus, mais à Dieu. Cette foi les conduira inévitablement à la prière.

La formation des disciples n'était pas finie à la fin de la Section Trois. Ici, au début de la Section Quatre, ils apprennent que Jésus, le Messie, est Fils de l'homme et Fils divin de Dieu qui doit mourir et ressusciter ; le suivre signifie abandonner leur propre vie et dépendre de son pouvoir, non pas du leur.

Bloc B (9:30-10:31)

a – La deuxième prédiction (9:30-32)

Marc révèle très clairement l'objectif primordial de Jésus en Bloc B : il ne voulait pas qu'on le dérange, « car il enseignait ses disciples » (31). Cette deuxième prédiction est moins détaillée que la première (voir 8:31), mais les disciples en sont tout de même effrayés : « Mais les disciples ne comprenaient pas cette parole, et ils craignaient de l'interroger » (32).

Trois erreurs qui guettent tout disciple (9:33-50)

b – « C'est moi le plus grand ! » (9:33-37)

Les disciples sont gênés quand Jésus leur demande de quoi ils discutaient ; Marc nous dit « qu'ils avaient discuté entre eux pour savoir qui était le plus grand » (34). Jésus profite de l'occasion pour les enseigner ; il explique que le service est la marque de la grandeur (35). Alors, Jésus prend un petit enfant pour illustrer ses propos : les gens qui se voient importants n'ont pas de temps à perdre pour des enfants « insignifiants », mais ses disciples doivent être différents.

c – « C'est nous les seuls vrais ! » (9:38-41)

Cette deuxième erreur se trouve chez le disciple qui, plus tard dans ses lettres, soulignera l'importance de l'amour : « Jean lui dit : Maître, nous avons vu un homme qui chasse des démons en ton nom, et nous l'en avons empêché, parce qu'il ne nous suit pas (38). Ne l'en empêchez pas, répond Jésus (39) ... Qui n'est pas contre nous est pour nous » (40).

Par là, Jésus ne veut pas dire que tout le monde ait raison, quelles que soient ses croyances. Marc nous dit trois fois en quatre versets que la chose la plus importante est de tout faire au nom de Jésus (38, 39, 41), en faisant confiance à son autorité et à sa puissance, tout en visant sa gloire. Ainsi les disciples doivent apprendre à ne pas être orgueilleux et exclusifs, mais à être ouverts à tous ceux qui suivent Jésus.

Il nous faut aussi constater que Jésus parle ici des récompenses futures du service fidèle (41). La vision de la gloire future donnera du courage à ses disciples pour vivre pour lui dans le présent.

d – « Cela ne fait rien, le péché ! » (9:42-50)

Ce paragraphe nous parle de la gravité du péché. Parfois nous sommes une cause de chute pour les autres, dit Jésus (42), et parfois nous sommes une cause de chute pour nous-mêmes (43-49). Jésus insiste ici : que dire « cela ne fait rien, le péché ! », c'est jouer avec le feu (presque littéralement, 43b, 48). Ses remarques au sujet de couper une main ou un pied, et d'arracher un œil, sont délibérément exagérées pour souligner le besoin d'une action radicale contre le péché. La main peut signifier ce que je fais, le pied où je vais et l'œil ce que je regarde. Quelle que soit la situation, les disciples ne doivent pas prendre le péché à la légère.

Comme nous l'avons déjà vu, Marc nous a dit que les disciples avaient discuté en chemin (34). Maintenant, au verset 50, Jésus leur dit : « Ayez du sel en vous-mêmes et soyez en paix les uns avec les autres. » Ces trois erreurs, donc, vont ensemble, et sont assez courantes aujourd'hui parmi les chrétiens. Si nous nous comparons les uns aux autres (« C'est moi le plus grand ! »), si nous essayons d'exclure ceux qui suivent Jésus autant que nous (« C'est nous les seuls vrais ! »), ou si nous ignorons la gravité du péché (« Cela ne fait rien, le péché ! »), nous ne serons pas des disciples efficaces.

Trois domaines où les disciples devraient être différents (10:1-27)

d' – Attitudes vis-à-vis du mariage (10:1-12)

Dans ce paragraphe les Pharisiens viennent avec une question au sujet du divorce (2). C'est une question piège, mais Jésus profite de l'occasion pour donner un enseignement. Pourtant, l'accent principal n'est pas mis sur le divorce, mais sur le mariage. Au versets 5-9, Jésus cite les deux premiers chapitres de la Genèse pour faire ressortir la raison pour laquelle Dieu a créé le mariage au départ. Et il termine : « Que l'homme donc ne sépare pas ce que Dieu a joint » (9).

Bien que Jésus accepte que le divorce soit parfois permis, il souligne que cela va toujours à l'encontre de l'intention originelle de Dieu (5-6). Les disciples écoutent (10-12) ; ils doivent apprendre que ceux qui suivent Jésus ne devraient pas se marier sans réfléchir ; pour les disciples chrétiens, le mariage est pour la vie.

c' – Attitudes vis-à-vis des enfants (10:13-16)

Au moyen de la structure miroir du Bloc B, Marc a relié les passages c et c' : dans les deux cas, les disciples essayent d'empêcher les autres de servir ou de s'approcher de Jésus. Ici, ce sont des parents qui se font réprimander (13) d'avoir amené leurs enfants ; les disciples pensent sans doute que leur conversation avec Jésus est plus importante.

Au premier siècle, les enfants étaient considérés comme insignifiants ; c'est pourquoi l'indignation de Jésus a dû surprendre les disciples : « Laissez venir à moi les petits enfants, et ne les en empêchez pas ; car le royaume de Dieu est pour ceux qui leur ressemblent » (14).

Nous avons ici deux leçons principales : quiconque désire entrer dans le royaume de Dieu doit le recevoir tout comme un enfant reçoit un cadeau (15), et les disciples ne doivent jamais considérer les enfants comme étant insignifiants.

b' – Attitudes vis-à-vis des possessions (10:17-27)

Maintenant Marc nous présente un homme bien décidé à avoir la vie éternelle : il court vers Jésus et se met à genoux devant lui (17). Malgré cette apparence d'humilité, il est sûr de son statut, basé sur sa bonté (18-20) et ses possessions (21-22). Ce thème du statut nous rappelle les disciples au passage b (9:33-37), où ils se disputaient au sujet de qui était le plus grand.

Jésus se sent néanmoins attiré par cet homme : « L'ayant regardé, (il) l'aima » (21). Aussi lui dit-il ce dont il a besoin d'entendre : « Va, vends tout ce que tu as, donne-le aux pauvres, et tu auras un trésor dans le ciel. Puis viens et suis-moi » (21).

Ceci n'est pas une condition pour tous ceux qui désirent être disciples, mais celui qui désire entrer dans le royaume de Dieu doit abandonner tout ce qui lui est plus important que Jésus et l'évangile (cf. 29). C'est un défi énorme pour ceux d'entre nous qui ont grandi dans une culture tellement matérialiste que nous ne nous rendons plus compte de l'emprise de nos possessions sur nous.

Le prix à payer pour être disciple est parfois trop élevé : « Mais, affligé de cette parole, cet homme s'en alla tout triste ; car il avait de grands biens » (22). Et Jésus le regarde s'en aller ; il n'est pas prêt à accepter la deuxième place dans la vie de ceux qui désirent le suivre.

Les disciples en sont fortement choqués. Comme nous l'avons déjà vu, le statut leur est important (voir le passage b) ; en tant que Juifs du premier siècle, ils croyaient les riches plus près de Dieu que les pauvres : « Les disciples furent encore plus étonnés, et se dirent les uns aux autres : Et qui peut être sauvé ? » (26) La réponse de Jésus est conçue pour souligner d'une part l'incapacité de l'homme, et d'autre part la puissance de Dieu pour emmener les gens dans le royaume : « Cela est impossible aux hommes, mais non à Dieu : car tout est possible à Dieu » (27). Fait significatif : Jésus regarde les disciples encore une fois (cf. 8:33) avant de souligner la faiblesse humaine.

Évidemment, être disciple touche tous les aspects de la vie, et non seulement les activités que nous qualifierions de religieuses. Pourtant, dans les passages d', c' et b', Marc a souligné trois domaines dans lesquels les disciples de Jésus doivent être radicalement différents du monde qui les entoure : leur attitude vis-à-vis du mariage, des enfants et des possessions. Il termine le Bloc B, néanmoins, par un récit où Jésus insiste sur le fait que les disciples gagnent toujours beaucoup plus qu'ils ne perdent.

a' – La récompense de tout disciple (10:28-31)

Ces versets ne se réfèrent pas seulement aux missionnaires inter-culturels ! Tout disciple est appelé à embrasser les priorités du royaume de Jésus et de l'évangile (29). C'est passionnant de voir la différence entre les deux listes aux versets 29 et 30. La deuxième liste promet aux disciples la persécution dans cette vie et la vie éternelle dans la prochaine, selon l'exemple de la mort et de la résurrection de Jésus dans le passage a (voir 9:31). Une autre différence est que le disciple gagne cent fois plus qu'il n'abandonne (30).

Mais il y a une autre différence, trop facilement oubliée. Le mot « pères » manque dans la deuxième liste au verset 30. Le message est clair : tandis que le disciple a besoin de frères, de sœurs et de mères remplaçants dans la famille de Dieu, il n'a pas besoin de pères, parce qu'en Jésus il a découvert l'amour du Père céleste.

Alors, le Bloc B ne traite pas seulement du prix à payer pour être disciple : Jésus souligne également les récompenses dans cette vie et dans celle à venir. La vision du futur peut nous motiver à suivre Jésus.

Marc termine le Bloc B par le résumé de Jésus sur les effets du royaume de Dieu : « Plusieurs des premiers seront les derniers, et plusieurs des derniers seront les premiers » (31). Quand les hommes et les femmes renoncent à leurs péchés (voir les passages b, c et d) pour embrasser un nouveau mode de vie (voir les passages d', c' et b'), un renversement divin des attentes humaines se produit, afin que le prix à payer pour être disciple soit reconnu comme n'étant pas grand-chose par rapport à la vie du royaume.

Bloc C (10:32-52)

La troisième prédiction (10:32-34)

Jésus marche devant, sur le chemin qui monte à Jérusalem (32), sans doute parce que personne d'autre n'a envie d'y aller : les disciples sont troublés et ceux qui suivent sont dans la crainte. La prédiction qui suit est la plus détaillée des trois, et contient la description de la souffrance de Jésus aux mains des païens, avant sa mort (33-34). Cette fois, Marc ne nous raconte pas la réaction des disciples ; la crise imminente réveille tout simplement leurs soucis au sujet de leur futur statut (35-45).

La demande de Jacques et Jean (10:35-45)

Les disciples n'ont évidemment pas appris la leçon de 9:33-37. Jacques et Jean convoitent les meilleures places dans le royaume de Dieu (37) ; et quand ils en entendent parler, les autres disciples se fâchent, non pas parce que les deux frères manquent d'humilité, mais parce que Jacques et Jean ont réussi à présenter leur demande avant eux (41). Ils ont au moins compris qu'il y aura un royaume glorieux, et que la gloire appartiendra à Jésus : « Accorde-nous, lui dirent-ils, d'être assis l'un à ta droite, et l'autre à ta gauche, quand tu seras dans ta gloire » (37). Mais il reste beaucoup de choses qu'ils n'ont pas comprises au sujet de la vie de disciple.

Suivre Jésus veut dire trois choses. D'abord, la souffrance : la coupe (cf. 14:36) et le baptême sont des images de la souffrance que Jacques et Jean n'auront pas envie de partager, malgré leur confiance en eux-mêmes (38-39). Deuxièmement, suivre Jésus entraîne la soumission : c'est le Père qui décide au sujet des récompenses et des positions dans le royaume de Dieu (40). Puis, troisièmement, être disciple veut dire servir, non pas dominer sur les autres (42, cf. 1 Pierre 5:3) : « Quiconque veut être grand parmi vous, qu'il soit votre serviteur ; et quiconque veut être le premier parmi vous, qu'il soit l'esclave de tous » (43-44).

La raison pour cela est l'exemple de Jésus lui-même : « Car le Fils de l'homme est venu, non pour être servi, mais pour servir et donner sa vie comme la rançon de plusieurs » (45). Pour la première fois dans l'évangile, Jésus explique le *but* de sa mort. Le verset 45 est une parole très importante pour tous ceux qui désirent comprendre la foi chrétienne. La mort de Jésus, malgré les complots des Juifs et des païens (voir 10:33), sera volontaire (« donner sa vie »), et sera un sacrifice pour le péché des autres (le mot *rançon* nous renvoie au serviteur souffrant d'Ésaïe 53:10). Ce qui est d'une importance capitale, est le fait que sa mort est la raison centrale de sa venue dans le monde (45).

Section Quatre: Le Prix (Marc 8:31-10:52) 59

Marc ne nous dit pas comment les disciples répondent à cette parole, peut-être parce qu'il veut nous permettre, à nous ses lecteurs, d'y répondre nous-mêmes.

La guérison de l'aveugle Bartimée (10:46-52)

Bien qu'il soit aveugle, Bartimée voit quelque chose que la foule ne voit pas : Jésus de Nazareth est le Fils de David, le Messie (47-48). Il crie pour que Jésus lui vienne en aide, et quand la foule lui dit de se taire, Marc nous dit : « il criait beaucoup plus fort » (48).

La question de Jésus : « Que veux-tu que je te fasse ? » (51) semble être conçue pour révéler si Bartimée a de la foi ou pas. Tout comme dans la guérison du garçon possédé d'un démon en Bloc A, la foi est essentielle (voir 9:23-24) pour que la puissance transformatrice de Jésus se révèle en action.

Après la guérison, Bartimée suit Jésus en chemin (52). Marc parle, bien sûr, d'un cheminement littéral et physique ici, à la fin du Bloc C, mais il veut sans doute que nous voyions le rapport avec la parole de Jésus près du commencement du Bloc A : « Si quelqu'un veut venir après moi, qu'il renonce à lui-même, qu'il se charge de sa croix, et qu'il me suive » (8:34).

Car, à la fin de la Section Quatre nous avons une idée beaucoup plus précise du prix à payer pour être disciple que nous ne l'avions au début. Ceux qui désirent suivre Jésus doivent abandonner leur égocentrisme (« C'est moi le plus grand ! », « C'est nous les seuls vrais ! », « Cela ne fait rien, le péché ! »), et doivent vivre avec une nouvelle attitude vis-à-vis du mariage, des enfants et des possessions (9:33-10:27). Mais Marc ne veut pas que nous nous trompions : cela en vaut la peine (10:28-31), et il cite comme exemple à suivre Bartimée, qui a pris la décision de devenir disciple de Jésus.

Il y a ici une leçon pour nous tous. Nous avons besoin de vision. L'espérance chrétienne de la gloire future est la chose qui donne aux disciples la motivation dont ils ont besoin pour suivre Jésus ici et maintenant. Pierre, Jacques et Jean ont reçu cette vision quand ils ont vu Jésus transfiguré comme Fils de Dieu glorieux, et ils ne l'ont jamais oublié (voir 2 Pierre 1:16-18; 1 Pierre 4:12-14; 5:1-10).

L'expérience de Bartimée nous encourage donc à prier : « Seigneur, que je recouvre la vue ! »

Apprendre l'évangile

J'espère que vous prendrez le temps de mémoriser la Section Quatre ; elle est facile à apprendre, cela vous aidera à redécouvrir Jésus et ce que cela veut dire, le suivre. Commencez par le Bloc B, avec sa structure claire : la deuxième prédiction, trois erreurs qui guettent tout disciple, trois domaines où les disciples devraient être différents, et les récompenses de tout disciple. Apprenez les titres ; les détails viendront plus tard.

Une fois que vous avez saisi le Bloc B, les Blocs A et C ne vous poseront aucun problème. Et en prenant le temps d'apprendre la Section Quatre, je suis sûr que vous faites ce qu'ont fait les premiers chrétiens.

Section Quatre: Le Prix (Marc 8:31-10:52)

LE PRIX

A	La première prédiction L'appel à suivre Jésus La Transfiguration Jésus chasse un démon	4

B	a La deuxième prédiction	1

b « C'est moi, le plus grand ! » c « C'est nous, les seuls vrais ! » d « Cela ne fait rien, le péché ! »	2

d' Attitudes vis-à-vis du mariage c' Attitudes vis-à-vis des enfants b' Attitudes vis-à-vis des possessions	3

a' La récompense de tout disciple	1

C	La troisième prédicion La demande de Jacques et Jean La guérison de l'aveugle Bartimée	5

A+C :	Suivre Jésus (8:34 /10:52)
Logique de B :	a, a' : le même ordre b, c, d : trois erreurs qui guettent tout disciple d', c', b' : trois domaines où les disciples devraient être différents

Rencontrer le Seigneur

En repassant dans votre esprit la section, vous aurez bien des choses à discuter avec le Seigneur. Adorez Jésus en le voyant transformer les vies en réponse à la foi ; priez au sujet de votre propre vie de disciple, tout en permettant à Jésus de vous enseigner en Bloc B. Remerciez-le pour tout ce que cela lui a coûté de vous apporter le pardon et la réconciliation avec Dieu. Par-dessus tout, demandez-lui de vous ouvrir les yeux pour que vous voyiez sa gloire.

En faisant cela, que ce soit en vous promenant dans la rue, ou en priant à genoux dans votre chambre, je prie que vous soyez conscient de la main de Jésus sur votre vie, vous montrant le prochain pas dans l'aventure de la vie de disciple, et vous permettant de voir à nouveau sa miséricorde, son autorité et son amour. Vous redécouvrirez Jésus.

Quand nous prions comme Bartimée a prié, nous éprouverons ce que Bartimée a éprouvé.

Section Cinq : Le Jugement (Marc 11:1-13:37)

Marc a clairement montré en Section Quatre que Jésus connaît exactement le sort qui lui est réservé à Jérusalem (voir, par exemple, 10:32-34). Quand il y arrive, il devient clair que l'opposition absolue des responsables religieux à son égard n'a pas diminué. Leur rejet de Jésus a pour conséquence que lui-même les rejette en tant que chefs du peuple de Dieu. Ce jugement est un thème important tout au long de la Section Cinq.

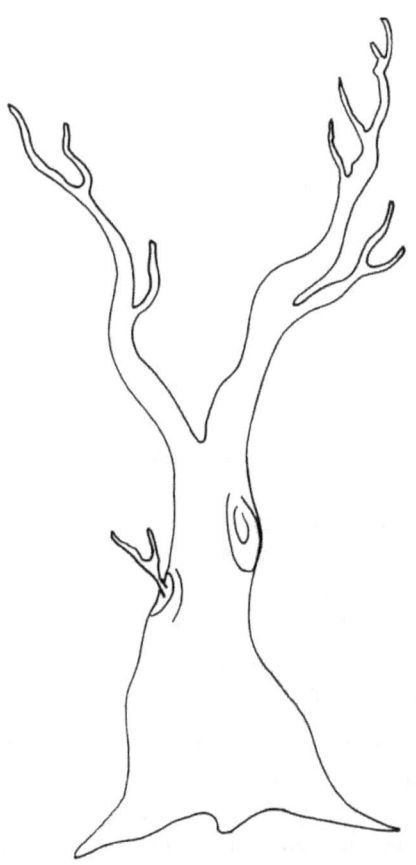

« Le matin, en passant, les disciples virent le figuier séché jusqu'aux racines. » Marc 11:20

Survoler l'ensemble

Bloc A (11:1-25)
Jésus entre dans Jérusalem (1-11)
Jésus maudit le figuier (12-14)
Jésus fait évacuer le temple (15-19)
Jésus tire du figuier des leçons sur la prière (20-25)

Bloc B (11:27-12:44)
a	11:27-33	L'autorité de Jésus mise en question
b	12:1-12	La parabole des vignerons
c	12:13-17	L'impôt à César
d	12:18-27	Le mariage à la résurrection
d'	12:28-34	Le plus grand des commandements
c'	12:35-37	La question concernant le Messie
b'	12:38-40	L'avertissement concernant les scribes
a'	12:41-44	L'offrande de la veuve

Bloc C (13:1-37)
La destruction du temple et la fin du monde (1-37)

Marc signale clairement le début et la fin du Bloc B. En 11:27 Jésus entre dans le temple pour la dernière fois, et en 13:1 il quitte le temple pour la dernière fois. Il y a encore une fois huit éléments dans cette section centrale, reliés par l'effet miroir (voir ci-dessous, *Décortiquer le texte*).

Le Bloc B a sa propre logique, comme dans toutes les sections de l'évangile. Dans les passages a, b, c et d, ceux qui écoutent Jésus sont mal disposés et très critiques à son égard : les chefs religieux sont bien décidés à le piéger et à le détruire. Mais il y a un tournant au chapitre 12, au verset 28. À partir de ce moment, dans les passages d', c', b' et a', ceux qui écoutent, selon Marc, sont bien disposés à son égard. Ils sont du côté de Jésus.

Le temple a un rôle clé en Section Cinq. En Bloc A Jésus arrive au temple, en Bloc B il enseigne dans le temple, et en Bloc C il enseigne au sujet du temple. Pourtant, les Blocs A et C ont quelque chose de plus particulier en commun que le temple : le figuier. En Bloc A Jésus maudit le figuier (11:14, 20-21) et en Bloc C il raconte une courte parabole sur un figuier (13:28). Marc s'est donné de la peine de structurer la section pour qu'elle soit claire et facile à mémoriser.

Il y a un texte sandwich significatif ici. En Bloc A, le moment où Jésus s'attaque aux abus du temple en chassant les changeurs et leurs collègues, se

Section Cinq: Le Jugement (Marc 11:1-13:37) 65

trouve entre la malédiction prononcée contre le figuier et le constat du figuier séché fait par les disciples (11:12-21).

Avant de regarder de plus près le texte, lisez toute la Section Cinq pour vous-même. Imaginez la scène : les complots, l'émotion et les tensions, et demandez au Seigneur de la faire vivre dans votre imagination.

Décortiquer le texte

Bloc A (11:1-25)

Jésus entre dans Jérusalem (11:1-11)

Marc nous raconte comment Jésus s'arrange pour avoir l'ânon qu'il montera pour se rendre à Jérusalem (1-7), mais il n'en explique pas la signification. Si l'enthousiasme de la foule à l'arrivée de Jésus vient de leur reconnaissance de l'accomplissement de la prophétie messianique de Zacharie 9:9, il semble étrange que Marc ne cite pas ce verset. Quoi qu'il en soit, il est clair qu'ils l'accueillent en tant que roi : « Beaucoup de gens étendirent leurs vêtements sur le chemin, et d'autres des branches qu'ils coupèrent dans les champs » (8).

Pourtant, la destination n'est pas seulement Jérusalem, mais plus précisément le temple (11). Ceci est la première de trois occasions dans cette section que Jésus vient sur le lieu même du culte d'Israël (voir aussi 15, 27). Cette fois-ci Jésus ne fait qu'observer ce qui se passe : « Quand il eut tout considéré, comme il était déjà tard, il s'en alla à Béthanie avec les douze » (11). Marc nous prépare à la suite.

Jésus maudit le figuier (11:12-14)

Le texte sandwich que Marc commence ici relie le figuier au temple (12-21), pour que le lecteur observateur comprenne que le figuier est une image d'Israël. L'Ancien Testament confirme cette interprétation (voir, par exemple, Jérémie 8:13). La malédiction du figuier, alors, est un message visuel du jugement.

Prétendre que la malédiction du figuier est injuste n'a rien de pertinent. Bien que Marc nous dise que ce n'était pas la saison des figues (13), Jésus a toutes les raisons de s'attendre à trouver des bourgeons précoces et comestibles, parce que l'arbre est en feuilles. Il vient chercher du fruit, mais il n'en trouve pas. C'est la signification de la prochaine partie du texte sandwich.

Jésus fait évacuer le temple (11:15-19)

Maintenant, tout comme au verset 11, Jésus vient chercher du fruit au temple, c'est-à-dire les qualités auxquelles il s'attend dans le peuple de Dieu. Pourtant, il n'en trouve aucune. Il y entre comme si l'endroit lui appartenait, renverse les meubles et chasse les acheteurs et les vendeurs. Il justifie son comportement en les accusant d'avoir changé « la maison de prière » en « caverne de voleurs » (17).

Le message est clair : Jésus vient au centre de la religion juive où il devrait trouver les signes de la connaissance et de l'adoration de Dieu. Il a davantage faim de ce fruit spirituel que des figues précoces du verset 12, mais il n'y voit que des gens qui se servent du temple pour gagner de l'argent. La religion juive que Jésus voit n'est que feuilles ; il n'y a pas de fruit. Il n'est pas étonnant qu'il réagisse par un jugement aussi tranchant.

Marc nous dit : « Les principaux sacrificateurs et les scribes, l'ayant entendu, cherchèrent les moyens de le faire périr » (18). C'est la même décision qu'avaient prise les Pharisiens et les Hérodiens au chapitre 3, verset 6. La raison pour laquelle ils cherchent à tuer Jésus n'est pas pour ce qu'il a fait dans leur temple, mais à cause de leur crainte des répercussions de sa popularité grandissante (18).

Marc nous montre donc de façon très claire que les chefs juifs ont pris leur décision à l'égard de Jésus, et que lui aussi a pris sa décision à leur égard. Le jugement est l'un des thèmes principaux du Bloc A.

Jésus tire du figuier des leçons sur la prière (11:20-25)

Marc termine son texte sandwich en nous disant que le jour suivant les disciples ont vu le figuier « séché jusqu'aux racines » (20). Pierre pense devoir y attirer l'attention de Jésus !(21)

Jésus saisit l'occasion pour donner à ses disciples un enseignement sur la prière, le fruit qui manquait dans le temple (17). La première condition pour l'exaucement de la prière est la foi (22-24); la deuxième est le pardon : les relations des disciples avec les autres doivent être comme il faut (25). Bien que Jésus parle ici du pardon de Dieu le Père, il faut nous souvenir que le conflit entre Jésus et les chefs juifs a commencé il y a bien longtemps, en Section Un de l'évangile, lorsqu'il s'est octroyé le droit de pardonner lui-même les péchés (voir 2:5, 10).

En Bloc A, les hostilités sont engagées. Jésus est venu juger, et les chefs juifs sont bien décidés de se débarrasser de lui. En Bloc B la confrontation sera directe.

Section Cinq: Le Jugement (Marc 11:1-13:37)

Bloc B (11:27-12:44)

Quatre rencontres où ceux qui écoutent sont mal disposés à l'égard de Jésus (11:27-12:27)

a – L'autorité de Jésus mise en question (11:27-33)

C'est le premier de huit passages dans le temple qui nous conduira aux paroles de jugement en Bloc C, et c'est le premier de quatre qui décrit les chefs juifs revenant à la charge : « Par quelle autorité fais-tu ces choses ? » lui demandent-ils, « et qui t'a donné l'autorité de les faire ? » (28). Ces deux questions se réfèrent peut-être au comportement extraordinaire de Jésus dans le temple (15-17), ou encore aux guérisons et exorcismes qu'il avait faits plus tôt. La question, pourtant, ne concerne pas ce qu'il a fait, mais de quelle autorité il les fait.

Ce qui est intéressant est que Jésus ne répond pas directement à la question, soit parce qu'il sait qu'elle n'est pas motivée par une recherche sincère de la vérité, soit parce qu'il se rend compte qu'une réponse directe entraînerait une émeute, voire pire. Sa propre question sur l'origine du baptême de Jean met ses opposants dans l'embarras : « Si nous répondons : Du ciel, il dira : Pourquoi donc n'avez-vous pas cru en lui ? Mais si nous disons : Des hommes ... » (31-32). Marc explique leur difficulté à la fin du verset 32 : « Ils craignaient le peuple, car tous tenaient réellement Jean pour un prophète. »

La question de l'autorité de Jésus n'a donc pas été résolue, mais le conflit a bel et bien commencé. Les chefs juifs se sont révélés arrogants et résolus d'en finir avec lui.

b – La parabole des vignerons (12:1-12)

Marc commence ce paragraphe en nous disant que Jésus « se mit à leur parler en paraboles » (1). Pourtant, il n'en raconte qu'une seule : celle-ci doit donc en être la plus importante. La raison de ce choix n'est pas difficile à discerner.

Tout comme le figuier en Bloc A, le vignoble est une image d'Israël, tirée de l'Ancien Testament. Les détails du verset 1 rappellent expressément Ésaïe 5:2 : « Il en remua le sol, ôta les pierres, et y mit un plant délicieux ; il bâtit une tour au milieu d'elle, et il y creusa aussi une cuve. » Les auditeurs de Jésus doivent reconnaître la référence et comprendre que les métayers sont les chefs spirituels d'Israël, qui, au fil des siècles, ont rejeté les prophètes de Dieu (2-7) et manqué à leur devoir de rendre à Dieu les fruits recherchés.

Jésus parachève son discours : « Il avait encore un fils bien-aimé ; il l'envoya vers eux le dernier, en disant : Ils auront du respect pour mon fils » (6). La description du fils rappelle les paroles du Père au sujet de Jésus au baptême (1:11) et à la transfiguration (9:7) : « Mon fils que j'aime ». Comment doit se sentir Jésus quand il dit des vignerons : « Et ils se saisirent de lui, le tuèrent et le jetèrent hors de la vigne » (8) !

La réaction du propriétaire condamnant à mort les vignerons et léguant le vignoble aux autres, est suivie d'une citation du Psaume 118 (cité déjà par la foule en 11:9) : « La pierre qu'ont rejetée ceux qui bâtissaient est devenue la principale de l'angle » (10). Une fois de plus, le message est clair : Jésus, le Fils du Père, est la pierre que rejettent les chefs d'Israël ; ils le tueront, mais Dieu fera de lui le chef de son peuple renouvelé.

Encore une fois, les ennemis de Jésus sont pris à contre-pied (12). Jésus les provoque plus que jamais.

c – L'impôt à César (12:13-17)

Cette fois c'est au tour des Pharisiens et des Hérodiens d'essayer de piéger Jésus ; ce sont deux groupes, l'un religieux, l'autre laïc qui s'unissent en fin de compte, comme ils l'ont déjà fait au début (voir 3:6), pour détruire leur ennemi commun. Après une introduction bien trop flatteuse, ils posent la question : « Est-il permis, ou non, de payer le tribut à César ? » (14)

La réponse de Jésus : « Rendez à César ce qui est à César, et à Dieu ce qui est à Dieu » (17) étonne tout le monde. Elle ne répond pas, bien sûr, à toutes les questions concernant l'église et l'état, mais Marc souligne que la question n'était pas honnête : « Jésus, connaissant leur hypocrisie, leur répondit : Pourquoi me tentez-vous ? » (15, voir aussi 13). C'est une question piège dont le but est d'en finir avec Jésus.

d – Le mariage à la résurrection (12:18-27)

On dit que les Sadducéens étaient les théologiens libéraux de leur jour ; ils rejetaient l'idée de la vie après la mort (18). Leur histoire plutôt drôle, conçue pour ridiculiser la doctrine de la résurrection (19-23), mérite cette réprimande forte de la part de Jésus : « N'êtes-vous pas dans l'erreur, parce que vous ne comprenez ni les écritures, ni la puissance de Dieu ? » (24)

Puisque les Sadducéens n'acceptaient que l'autorité des cinq livres de Moïse, Jésus démontre la réalité de la vie après la mort à partir du livre de l'Exode (26-27 ; Ex 3:6).

Encore une fois, la question posée par les ennemis de Jésus n'est pas la chose la plus importante du passage. Le but de Marc n'est pas de nous donner un enseignement au sujet de la résurrection, mais de montrer qu'un groupe influent du Judaïsme du premier siècle est réprimandé par Jésus de ne pas connaître les Écritures.

Section Cinq: Le Jugement (Marc 11:1-13:37)

Tous ceux qui écoutent dans les passages a, b, c et d, à savoir les souverains sacrificateurs, les experts de la loi et les anciens (11:27), les Pharisiens, les Hérodiens (12:13) et les Sadducéens (12:18), reviennent à la charge, décidés d'en finir avec Jésus. Ils sont peut-être encore présents dans la deuxième moitié du Bloc B, mais Marc parle seulement de ceux de l'assistance qui sont bien disposés à l'égard de Jésus (12:28, 37, 43).

Quatre rencontres où ceux qui écoutent sont bien disposés à l'égard de Jésus (12:28-44)

d' – Le plus grand des commandements (12:28-34)

Ce paragraphe nous présente un chef juif qui n'est pas comme les autres. Impressionné de l'habileté de Jésus dans le débat, il lui pose cette question : « Quel est le premier de tous les commandements ? » (28) Pour répondre, Jésus cite Deutéronome 6:4-5 au sujet de notre amour pour Dieu, et Lévitique 19:18 au sujet de notre amour pour notre voisin (29-31).

Le scribe est complètement d'accord ; ça vaut la peine de citer sa réponse en entier : « Le scribe lui dit : Bien, maître ; tu as dit avec vérité que Dieu est unique, et qu'il n'y en a point d'autre que lui, et que l'aimer de tout son cœur, de toute sa pensée, de toute son âme et de toute sa force, et aimer son prochain comme soi-même, c'est plus que tous les holocaustes et tous les sacrifices » (32-33).

Jésus, à son tour, est impressionné de sa réponse : « Tu n'es pas loin du royaume de Dieu » (34). Pourquoi ? Certainement parce que le scribe comprend la différence entre les feuilles et le fruit, entre les activités religieuses, si importantes qu'elles soient, et les relations correctes avec Dieu et autrui.

Par le moyen de l'effet miroir, Marc contraste le scribe de ce passage avec les Sadducéens du passage d. Eux ne connaissent pas les Écritures (24), mais le scribe les connaît : sa réponse (32-33) révèle sa connaissance pas seulement des passages déjà cités par Jésus, mais aussi des passages comme 1 Samuel 15:22, Osée 6:6, et Michée 6:6-8. Il connaît les Écritures juives, et il y croit. Il n'est pas étonnant que Marc écrive : « Et personne n'osa plus lui poser de questions » (34).

c' – La question concernant le Messie (12:35-37)

L'effet miroir du Bloc B relie ce passage avec le passage c (voir 12:13-17), où on pose à Jésus une question à laquelle il est impossible de répondre (même si Jésus sait y répondre !) Maintenant c'est Jésus qui pose une question à laquelle il est impossible de répondre. Si les scribes appellent le Messie le fils de David, pourquoi David appelle-t-il le Messie son Seigneur en Psaume 110:1 ?

La solution, bien sûr, est que le Messie est à la fois le descendant humain de David et le divin Fils de Dieu. Mais Marc attend que nous parvenions nous-mêmes à cette conclusion ; il dit tout simplement que la grande foule « l'écoutait avec plaisir » (37).

b' – L'avertissement concernant les scribes (12:38-40)

Marc nous rappelle encore une fois qu'il ne rapporte pas tout l'enseignement de Jésus : « Il leur disait dans son enseignement ... » (38). C'est intéressant qu'il y ait un indicateur similaire au début du passage b (voir 12:1), relié à celui-ci par la structure miroir. Les deux passages, pourtant, ont beaucoup plus que cela en commun.

Dans les versets 38-40 Jésus critique l'orgueil (38-39), la convoitise (40a) et l'hypocrisie (40b) des scribes. Autrement dit, leurs longues prières ne sont que des feuilles sans fruit. Le jugement de Jésus est sans appel : « Ils seront jugés plus sévèrement » (40c).

Le lien avec 12:9 (passage b) est évident : « Maintenant, que fera le maître de la vigne ? Il viendra, fera périr les vignerons et donnera la vigne à d'autres ». C'est certainement la punition sévère réservée aux chefs d'Israël qui ne rendent pas à Dieu le fruit qui lui est dû.

a' – L'offrande de la veuve (12:41-44)

Jésus met en contraste la générosité de la veuve et l'avarice des riches : « Je vous le dis en vérité, cette pauvre veuve a donné plus qu'aucun de ceux qui ont mis dans le tronc ; car tous ont mis de leur superflu, mais elle a mis de son nécessaire, tout ce qu'elle possédait, tout ce qu'elle avait pour vivre » (43-44).

Il y a pourtant un autre contraste que nous voyons en comparant les passages a et a'. Dans 11:27-33, Jésus refuse de répondre aux questions posées par les principaux sacrificateurs, les scribes et les anciens (11:27), mais ici, dans 12:41-44, Jésus loue une veuve solitaire. Tout ce qu'ils avaient à offrir étaient deux questions pièges conçues pour détruire Jésus ; ce que la veuve a à offrir sont deux petites pièces d'argent, conçues pour glorifier Dieu.

Ce Bloc B de Marc est une critique dévastatrice de la plupart des responsables spirituels en Israël. Ils n'ont pas réussi à triompher de Jésus, mais leur détermination de mettre fin à sa vie et leur refus de donner à Dieu le fruit de vies consacrées à lui, font que le jugement de Dieu doit arriver. C'est l'un des thèmes principaux du Bloc C.

Section Cinq: Le Jugement (Marc 11:1-13:37) 71

Bloc C (13:1-37)

La destruction du temple et la fin du monde (13:1-37)

Au verset 1, Marc nous dit que Jésus quitte le temple. Bien que ce soit une description physique, il s'agit sans doute de plus que cela : le conflit avec les chefs d'Israël signifie qu'il ne reviendra plus au temple. En plus, il en prédit la destruction au verset 2.

La question posée par Pierre, Jacques, Jean et André au verset 4 est très importante : « Dis-nous, quand cela arrivera-t-il, et à quel signe connaîtra-t-on que toutes ces choses vont s'accomplir ? » Le restant du Bloc C est la réponse de Jésus à cette question.

Ceci est la partie la plus difficile à interpréter dans l'évangile de Marc ; je recommande les commentaires pour ceux qui désirent l'étudier en détail. Deux choses, pourtant, sont claires : Jésus prédit la destruction du temple (ce qui est arrivé 70 ans ap. J.-C.) et son propre retour glorieux dans ce monde à la fin des temps. La cause de la difficulté vient de ce qu'il n'est pas toujours clair de savoir duquel de ces deux évènements Jésus parle. C'est comme si Jésus regardait le jugement de Dieu à travers l'histoire avec une longue-vue, où, par un simple mouvement du poignet, ce jugement n'est plus vu dans le contexte de la destruction du temple, mais dans celui de son propre retour.

Les versets 1-4, comme nous l'avons déjà vu, introduisent la prédiction choquante d'évènements tragiques (qui surviendront effectivement en l'an 70) et la question des disciples, posée en privé, au sujet de la date.

Les versets 5-13 semblent se concentrer principalement (mais non pas exclusivement) sur les difficultés qui précèderont la destruction du temple. Il y aura des faux prophètes (5-6) qui prétendront être le Messie ou enseigner de son autorité ; il y aura de la souffrance (7-8) où guerres et désastres naturels rendront la vigilance essentielle ; il y aura de la persécution (9-13) où païens et Juifs agresseront les disciples de Jésus (9) ; il y aura le déchirement au sein des familles à cause de leurs différences d'attitude à l'égard de Jésus (12).

Les versets 14-23 nous conduisent au paroxysme de la crise. L'expression « l'abomination de la désolation » (14) vient de l'Ancien Testament (voir, par exemple, Daniel 9:27 ; 11:31 ; 12:11). Lorsque des centaines de Juifs ont été tués au cours de l'offensive romaine précédant l'an 70, les chrétiens y ont vu l'accomplissement de Marc 13:14. Nous pouvons néanmoins entrevoir un accomplissement postérieur à cet évènement avec l'apparition de l'Antichrist, prédit par l'apôtre Paul en 2 Thessaloniciens 2:3-4. Peut-être devrions-nous lire ces versets 14 à 23 en veillant constamment au bon réglage de la longue-vue.

Les versets 24-27, en revanche, semblent se concentrer clairement sur le retour de Jésus. Ils décrivent la fin du monde (24-25) suivie de l'arrivée du Roi : « Alors on verra le Fils de l'homme venant sur les nuées avec une grande puissance et avec gloire » (26). Jésus profite de l'occasion pour souligner que les enfants de Dieu seront en sécurité (27).

Les versets 28-31 concernent encore une fois les évènements de l'an 70 ap. J.-C. Il ne faut pas comprendre le figuier du verset 28 comme symbole de la renaissance d'Israël et n'est peut-être qu'une parabole pour encourager les gens à veiller (aussi bien qu'un aide-mémoire qui relie les Blocs C et A). Si cette interprétation est la bonne, Jésus enseigne ici que la destruction du temple va bientôt arriver : « Je vous le dis en vérité, cette génération ne passera point, que tout cela n'arrive » (30).[1]

Même si parfois nous ne comprenons pas ce que Jésus veut dire, son autorité n'est pas mise en doute : « Le ciel et la terre passeront, mais mes paroles ne passeront point » (31).

Enfin, **les versets 32-37** forment la conclusion de l'enseignement de Jésus. Quelques phrases de ce paragraphe peuvent être comprises comme des conseils aux disciples à propos de la période précédant la destruction de Jérusalem, mais il est clair que le sujet principal est le retour de Jésus. Tout de suite après avoir souligné son autorité (31), Jésus enseigne son ignorance concernant l'heure de ce dernier grand évènement de l'histoire humaine : « Personne ne le sait, ni les anges dans le ciel, ni le Fils, mais le Père seul » (32).

À la lumière de ce chapitre, les disciples chrétiens devraient se méfier de tout dogmatisme concernant les détails et de l'heure du retour de Jésus. Le but du Bloc C est de nous encourager à veiller, non pas d'alimenter des spéculations farfelues (5, 9, 23, 33, 36, 37).

La Section Cinq se termine alors avec une courte parabole pour nous encourager à rester éveillés dans notre vie de disciple (34-36). Tout comme la foule a accueilli Jésus au début de la section (11,1-11), nous devrons être prêts à l'accueillir quand viendra la fin.

Le message du Bloc C se résume dans le dernier mot par lequel Jésus nous dit : « Veillez ! » (37)

En Section Un de l'évangile nous avons vu le conflit entre les vieilles outres de la religion vaine et le vin nouveau qu'apporte Jésus. Là, dans la deuxième moitié du Bloc B, les chefs juifs l'accusaient (voir 2:7, 16, 18, 24) ; ici, en

---

[1] L'expression « ces choses » en Bloc C semble parler de la destruction de Jérusalem, tandis que l'expression « ces jours » parle du retour de Christ. Voir les commentaires pour les détails.

Section Cinq: Le Jugement (Marc 11:1-13:37) 73

Section Cinq, c'est Jésus qui les accuse en leur reprochant leur manque de fruit (11:12-13, 15-17 ; 12:2, 15, 24, 38-40) : ils ne vivent pas comme le devrait le peuple de Dieu. Ainsi, en expliquant la parabole de 12:1-8, Jésus répond à sa propre question : « Maintenant, que fera le maître de la vigne ? Il viendra, fera périr les vignerons et donnera la vigne à d'autres » (9).

D'aucune manière cela ne signifie que Dieu a arrêté d'aimer les Juifs ; bien au contraire, le Nouveau Testament enseigne clairement que Dieu a l'intention de bénir le peuple d'Israël (voir Romains 11:25-36).

Nous avons déjà vu que Jésus a appelé un nouveau peuple de Dieu (voir commentaire sur 1:13, 14-20 ; 3:13-14, 31-35). Il s'agit de l'Église, faite de tous ceux qui, Juifs ou païens, font preuve de repentance et de foi, conditions incontournables d'entrée dans le royaume (voir 1:15).

Mais cette réalité ne devrait pas produire de la suffisance chez les chrétiens. Tout comme Jésus est déjà venu en Israël pour chercher du fruit (voir 11:13 ; 12:1-8), il viendra au nouvel Israël, l'Église, à son retour (voir 13:34-35).

Jésus a le droit de voir du fruit dans la vie de ceux qui le suivent.

Apprendre l'évangile

La Section Cinq n'est pas la section la plus facile à apprendre, mais si vous avez déjà appris les quatre premières sections de l'évangile, elle ne vous posera pas de problème. Commencez, comme toujours, avec le Bloc B. Souvenez-vous que dans les passages a, b, c et d Jésus a affaire avec ceux de l'assistance qui sont mal disposés à son égard, tandis que dans la deuxième moitié du bloc, Marc parle de ceux qui lui sont bien disposés. Rappelez les détails en repassant les évènements dans votre esprit, et l'ordre deviendra de plus en plus clair.

Le Bloc A peut paraître long, mais le texte sandwich après l'entrée de Jésus à Jérusalem facilite la mémorisation. Quand vous arriverez au Bloc C, n'essayez pas de l'apprendre de façon détaillée. Si vous n'apprenez que le titre : « La destruction du temple et la fin du monde » vous devrez pouvoir ajouter quelques détails pour chacun de ces deux thèmes principaux.

Si vous vous souvenez du titre de la Section Cinq, « Le Jugement », cela vous rappellera que dans cette section les chefs d'Israël rejettent Jésus et que lui aussi les rejette. Ce sont des sujets graves, mais Marc veut que nous y réfléchissions.

LE JUGEMENT

A	Jésus entre dans Jérusalem Jésus maudit le figuier Jésus fait évacuer le temple Jésus tire du figuier des leçons sur la prière	3

B	a L'autorité de Jésus mise en question b La parabole des vignerons c L'impôt à César d Le mariage à la résurrection	1

	d' Le plus grand des commandements c' La question concernant le Messie b' L'avertissement concernant les scribes a' L'offrande de la veuve	2

C	La destruction du temple et la fin du monde	4

A+C :	Le figuier (11:13 / 13:28)
Logique de B :	Quatre rencontres où ceux qui écoutent sont mal disposés Quatre rencontres où ceux qui écoutent sont bien disposés

Rencontrer le Seigneur

J'espère que vous prendrez le temps de parler de cette section avec le Seigneur. Il a envie d'entendre vos idées et questions sur chaque partie. Parcourez la section en essayant d'imaginer comment Jésus aurait ressenti ces choses. La prochaine fois, arrêtez-vous après chaque paragraphe pour l'adorer. Priez que le fruit de la connaissance de Jésus devienne de plus en plus évident dans votre vie.

Je prie que vous redécouvriez Jésus en passant du temps avec lui en Section Cinq. Il vous attend.

Section Six : L'Amour (Marc 14:1-16:8)

L'évangile entier, depuis le début, nous conduit à cette section où nous allons vivre nous-mêmes le point culminant de l'histoire que Marc nous raconte. En Section Six nous allons rencontrer la trahison, la haine, la peur et le désespoir, mais par-dessus tout : l'amour. Nous allons voir la profondeur de l'amour de Jésus à la croix et son triomphe au tombeau vide. Cette partie de l'évangile est une terre sainte ; se tenir ici devrait nous émouvoir.

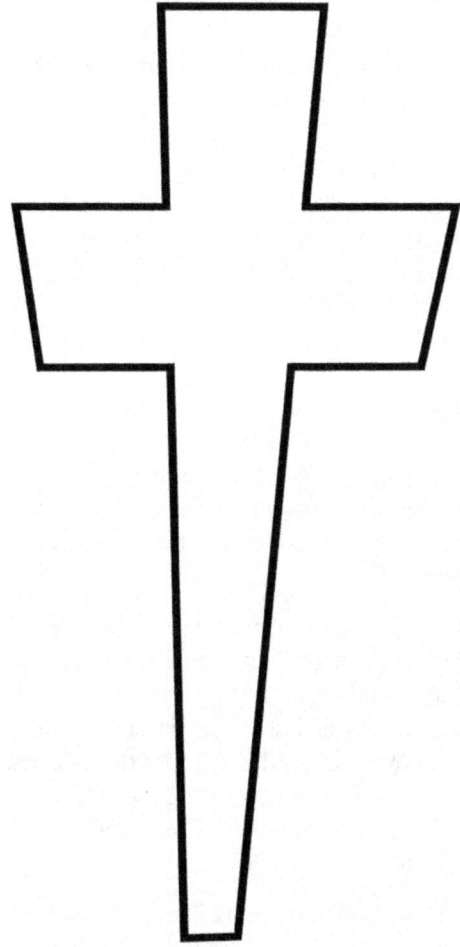

« Ils le crucifièrent. » Marc 15:24a

Survoler l'ensemble

Bloc A (14:1-11)
    Les complots contre Jésus (1-2)
    L'onction à Béthanie (3-9)
    Les complots contre Jésus (10-11)

Bloc B (14:12-15:39)
    a   14:12-26   La Sainte Cène
    b   14:27-31   La prédiction du reniement de Pierre
    c   14:32-42   Le jardin de Géthsémané
    d   14:43-52   L'arrestation de Jésus
    d'   14:53-65   Le procès devant le Conseil supérieur
    c'   14:66-72   Le reniement de Pierre
    b'   15:1-15   Le procès devant Pilate
    a'   15:16-39   La crucifixion

Bloc C (15:40-16:8)
    Les femmes à la croix (15:40-41)
    La mise au tombeau (15:42-47)
    La résurrection (16:1-8)

Marc place deux textes en sandwich en Section Six. En Bloc A, l'onction à Béthanie se trouve insérée entre deux complots des ennemis de Jésus contre sa personne, ce qui illustre le motif haine-amour-haine. En Bloc C, la mise au tombeau de Jésus se trouve insérée entre deux mentions de femmes, disciples de Jésus (voir 15:40-41, 47). Comme toutes les autres sections, celle-ci a été très clairement structurée.

Le Bloc A et le Bloc C ont en commun le thème de l'onction. En Bloc A Jésus est oint par la femme à Béthanie. Il donne la signification de cette action : « Elle a d'avance embaumé mon corps pour la sépulture » (14:8). En Bloc C Marc nous dit ce qui arrive tôt le dimanche matin : « Lorsque le sabbat fut passé, Marie de Magdala, Marie, mère de Jacques, et Salomé, achetèrent des aromates, afin d'aller embaumer Jésus » (16:1). Les Blocs A et C nous racontent donc deux onctions, mais la seconde ne se fait pas car la résurrection la rend inutile.

Les passages du Bloc B sont organisés par paires. Après l'institution de la Sainte Cène, Jésus prédit que Pierre le reniera (passages a et b). Jésus prie en Géthsémané, puis y est arrêté (passages c et d). Pendant que Jésus subit le contre-interrogatoire du souverain sacrificateur, Pierre renie son maître en

Section Six: L'Amour (Marc 14:1-16:8) 77

bas, dans la cour (passages d' et c'). Le procès de Jésus devant le gouverneur romain le conduit à la crucifixion par les soldats romains (passages b' et a').

Prenez le temps de lire la Section Six d'une seule traite. En Bloc A vous verrez l'amour pour Jésus d'une femme dont le nom n'est pas rapporté. En Bloc C vous verrez l'amour de Joseph pour Jésus. En Bloc B vous verrez l'amour de Jésus pour vous. Essayez d'imaginer la scène et de vous mettre à la place de tous ceux qui ont affaire à Jésus. En lisant, vous serez peut-être amené à vous arrêter pour l'adorer.

Décortiquer le texte

Bloc A (14:1-11)

Les complots contre Jésus (14:1-2)

Ceci est le début d'un texte sandwich (1-11) où la haine des chefs juifs (1-2, 10-11) contraste avec l'amour d'une seule femme (3-9). La plupart des gens sont venus à Jérusalem pour fêter la Pâque et remercier Dieu d'avoir délivré Israël de l'esclavage en Égypte. Par contre, « les principaux sacrificateurs et les scribes cherchaient les moyens d'arrêter Jésus par ruse et de le faire mourir » (1).

L'onction à Béthanie (3-9)

La femme est très probablement Marie (cf Jean 12:1-11), mais Marc préfère ne pas nous divulguer son nom. Il veut que nous nous concentrions sur son amour, non pas sur son identité.

Le parfum qu'elle répand sur Jésus est « de grand prix » (3) et aurait pu être vendu pour le salaire de plus d'un an (5). Cette extravagance lui a valu de sévères reproches. Marc écrit : « Ils s'irritaient contre cette femme » (5).

Jésus se hâte de la défendre. Il qualifie son action de belle (6) et appropriée : « car vous avez toujours les pauvres avec vous, et vous pouvez leur faire du bien quand vous voulez, mais vous ne m'avez pas toujours » (7). Jésus ne dit pas que les pauvres n'ont aucune importance, mais qu'à ce moment précis, il convenait de l'oindre, lui. En plus, l'action était prophétique (8). D'habitude, le corps est oint après la mort ! Pourtant, d'une manière ou d'une autre, cette femme pressent que Jésus va bientôt mourir, et cette pensée la pousse à cet acte d'amour prophétique.

Au verset 9 Jésus ajoute que cette onction restera inscrite dans la mémoire collective de l'église : « Je vous le dis en vérité, partout où la bonne nouvelle sera prêchée, dans le monde entier, on racontera aussi en mémoire de cette femme ce qu'elle a fait. » Jésus évidemment attend que la bonne nouvelle le concernant soit répandue sur toute la terre, mais il est tellement impressionné par l'amour de cette femme qu'il lui promet que son extravagance ne sera jamais oubliée. C'est presque comme si Jésus fait en sorte que cet épisode soit dans le Nouveau Testament !

Il n'est pas difficile de comprendre pourquoi cette extravagante action d'amour est si importante pour Jésus. Il est venu lui-même à Jérusalem entreprendre l'action d'amour la plus extravagante de l'histoire du monde : mourir sur la croix pour nos péchés. Entouré de la haine des chefs et de l'incompréhension de ses amis, l'amour de cette femme lui aura été très précieux.

Les complots contre Jésus (14:10-11)

Judas entre alors en scène. Il semble que la réaction de Jésus à l'onction ait été la goutte d'eau qui a fait déborder le vase. Il se rend donc auprès des principaux sacrificateurs avec une proposition d'offre qu'ils ne pouvaient pas refuser (10). Le contraste entre la haine rampante du début et de la fin du Bloc A et l'amour manifesté au milieu de ce climat hostile ne pourrait pas être plus grand. Toutes les conditions sont désormais réunies pour les évènements du Bloc B.

Bloc B (14:12-26)

a – La Sainte Cène (14:12-26)

La structure miroir de Marc en Bloc B relie cette section à la crucifixion ; le lien n'est pas difficile à trouver. Le passage a explique le passage a'. Les évènements de la Cène donnent la signification de la mort de Jésus.

Jésus considère que ce dernier repas avec ses amis est très important. Il s'est donné de la peine pour l'organiser (13-16). La raison en est que les disciples vont apprendre comment les chefs d'Israël vont pouvoir le faire mourir : il sera trahi par un membre de leur groupe (18-21). Ce qui est encore plus important, par contre, c'est l'explication de sa mort que donne Jésus au moyen du pain et du vin servis à chaque repas pascal.

Lorsque les disciples boivent le vin, Jésus dit : « Ceci est mon sang, le sang de l'alliance, qui est répandu pour plusieurs » (24). Les mots « pour plusieurs » nous rappellent la parole de Jésus à la fin de la Section Quatre, où il dit qu'il est venu « donner sa vie comme la rançon de plusieurs » (10:45).

La mention de l'alliance, par contre, nous renvoie encore plus loin, aux promesses de l'Ancien Testament concernant la nouvelle alliance. Dans le cadre de cette alliance, les hommes et les femmes trouveront le pardon dans une

Section Six: L'Amour (Marc 14:1-16:8) 79

relation avec Dieu (voir Jér 31:31-34) par la présence du Saint Esprit (voir Ézéchiel 36:26-27). Jean Baptiste en parlait dans ses prédications concernant Jésus (voir 1:8), et maintenant Jésus dit que c'est sa mort qui rendra possible cette nouvelle alliance. Il va mourir pour que nous ayons la possibilité de connaître Dieu.

Au verset 25 Jésus parle du banquet messianique au ciel (voir commentaire sur 6:34-44). Encore une fois, c'est sa mort qui le rend possible. Mais ce n'est pas seulement Jésus qui explique la signification de la croix pendant la Cène ; Marc l'explique aussi dans son introduction : c'était l'occasion « où l'on immolait la Pâque » (12). La mort de Jésus est un sacrifice. Marc l'a compris et il veut que nous le comprenions à notre tour.

b – La prédiction du reniement de Pierre (14:27-31)

Jésus prédit d'abord que tous les disciples l'abandonneront et cite l'Ancien Testament pour le prouver : « Je frapperai le berger et les brebis seront dispersées » (27). Ce qui est intéressant dans la citation de Zacharie 13:7, c'est que Dieu parle lui-même : la mort de Jésus n'est pas seulement le résultat des actions des Juifs et des Romains ; c'est une action de Dieu lui-même (voir Ésaïe 53:10).

La désertion ne sera pas définitive, comme nous le montre le verset 28 qui parle de la résurrection. Mais Pierre, typiquement plein de confiance, est sûr de ne jamais renier Jésus, même s'il envisage cette possibilité pour les autres disciples (29). Autant dire : « C'est moi le plus grand ! » (voir 9:33-37). La prédiction de Jésus, annonçant que Pierre le reniera trois fois (30), pousse Pierre à contredire son Seigneur, comme il l'a déjà fait : « Quand il me faudrait mourir avec toi, je ne te renierai pas » (31, voir 8:32). Marc ajoute : « Et tous dirent la même chose » (31b).

c – Le jardin de Géthsémané (14:32-42)

Marc veut que nous voyions l'angoisse de Jésus lorsqu'il pense à la croix : « Il commença à éprouver de la frayeur et des angoisses » (33). Il n'hésite pas à communiquer cela à Pierre, Jacques et Jean, ses amis les plus proches : « Mon âme est triste jusqu'à la mort » et il leur dit : « Restez ici, et veillez » (34). Pourtant, ils s'endorment trois fois (37, 40, 41). Jésus les avertit donc : « Veillez et priez, afin que vous ne tombiez pas en tentation » (38). Aucun d'eux ne tiendra compte de l'avertissement.

Marc se concentre ici sur la prière de Jésus : « Abba, Père, toutes choses te sont possibles, éloigne de moi cette coupe ! Toutefois, non pas ce que je veux, mais ce que tu veux » (36). Jésus utilise le mot araméen le plus familier pour « père », et il demande de ne pas devoir aller à la croix, non pas à cause de la douleur physique, mais à cause du prix spirituel à payer. En tant qu'agneau pascal (voir 12), Jésus portera sur lui-même le jugement divin que méritent les autres. Et trois fois la réponse est non : il n'y a pas d'autre moyen pour sauver les pécheurs. À la fin du paragraphe, Jésus va alors à la rencontre de celui qui le trahira (41-42). Sa décision est prise.

d – L'arrestation de Jésus (14:43-52)

Marc veut souligner la solitude de Jésus. Judas, qui est « l'un des douze » (43), arrive à Géthsémané avec une foule armée et le baiser d'un traître (45). Lorsque Jésus est arrêté, l'un des disciples en vient à la violence pour l'aider à s'échapper (45, cf Jean 18:10), mais Jésus sait que « les Écritures doivent être accomplies » (49).

C'est alors que la solitude ressentie par Jésus devient encore plus intense. Marc nous dit tout simplement : « Alors, tous l'abandonnèrent et prirent la fuite » (50). Le comble : il ne s'agit pas de ses ennemis, mais de ses meilleurs amis.

Seul Marc nous raconte l'histoire de l'autre jeune homme qui prend la fuite (51-52). Il se peut que ce soit Marc lui-même qui s'était glissé dans le jardin, attiré par le bruit de la foule dans la nuit. Nous ne savons pas, mais si c'est lui, ce n'est pas la dernière fois qu'il prendra la fuite (cf. Actes 13:13). Quoi qu'il en soit, Jésus est maintenant seul.

d' – Le procès devant le Conseil supérieur (14:53-65)

En parlant de Pierre (53) avant de raconter le contre-interrogatoire devant le conseil, Marc crée un texte sandwich et souligne le fait que les évènements d' et c' se passent simultanément. Pendant que Jésus subit l'interrogatoire de ses ennemis, son ami nie le connaître.

Par le moyen de la structure miroir, Marc attire l'attention sur le contraste entre le courage de Jésus au passage d', et la lâcheté des disciples qui prennent la fuite (passage d). Il n'y a pas de doute sur l'innocence de Jésus parce que même les faux témoins se contredisent (55-59) ; leur témoignage contre lui ne tient pas debout.

Lorsque le souverain sacrificateur commence à l'interroger, Jésus ne se défend pas ; il garde le silence (60-61a). Mais quand il en vient à la question directe de son identité, le silence n'est plus approprié (61b-62). Le courage de Jésus est étonnant ; il doit savoir que sa revendication d'être Messie et Fils de Dieu ne peut que conduire à sa condamnation. Son amour pour son Père et pour les pécheurs l'affermit dans sa résolution d'aller jusqu'à la croix.

Section Six: L'Amour (Marc 14:1-16:8)   81

c' – Le reniement de Pierre (14:66-72)

Marc relie ce passage aux évènements de Géthsémané en passage c. Là, Jésus avait prié trois fois ; ici, Pierre le renie trois fois. Il y a, pourtant, un autre lien. En Géthsémané, Jésus avait donné à tous ses disciples cet avertissement : « Veillez et priez, afin que vous ne tombiez pas en tentation » (38).

Marc nous montre que Pierre n'a pas pris l'avertissement à cœur. Lorsque Jésus est debout devant le Conseil supérieur, lui est assis dehors, dans la cour (54, 67). Son insistance à faire croire qu'il n'a aucun lien avec Jésus est bien la preuve qu'il n'avait ni veillé ni prié. Ici, le reniement de Pierre est l'accomplissement des paroles de Jésus aux versets 30 et 38. Marc veut certainement que nous retenions les avertissements et l'enseignement du Maître pour que la tentation ne l'emporte pas sur nous comme elle l'a fait sur Pierre.

b' – Le procès devant Pilate (15:1-15)

La réunion matinale du Conseil supérieur (1) est nécessaire parce que la loi juive ne permettait pas qu'elle ait lieu la nuit. Devant Pilate aussi, Jésus refuse de se défendre (4-5), mais, encore une fois, reste ouvert pour répondre de son identité (2).

Marc nous dit que Pilate voit clair dans le jeu des souverains sacrificateurs : il propose de libérer Jésus, « sachant que c'était par envie que les principaux sacrificateurs l'avaient livré » (10). Mais la pression de la foule met un terme à sa tentative d'agir correctement : « Pilate, voulant satisfaire la foule, leur relâcha Barabbas ; et, après avoir fait battre de verges Jésus, il le livra pour être crucifié » (15).

L'effet miroir avec le passage b souligne encore la solitude de Jésus. Jésus avait prédit que ses amis l'abandonneraient (voir 14:27-31) ; maintenant la foule, dont certains l'avaient accueilli de façon extravagante le dimanche des Rameaux (voir 11:1-11), crie « Crucifie-le ! » (13-14)

Ici, Marc voudrait nous apprendre une autre leçon. Il a déjà souligné l'innocence de Jésus, verdict avec lequel Pilate est d'accord (14a). Marc insiste sur le fait que Barabbas, libéré à la place de Jésus par Pilate, est coupable : « Il y avait en prison un nommé Barabbas avec ses complices, pour un meurtre qu'ils avaient commis dans une sédition » (7). Autrement dit, la condamnation d'un innocent conduit à la libération d'un coupable. Pour nous, ceci est la bonne nouvelle de la croix.

a' – La crucifixion (15:16-39)

Cette dernière section du Bloc B est le point culminant visé par Marc depuis le début de la première section de son évangile (voir 2:20 ; 3:6). En Section Quatre, Jésus a prédit sa mort (voir 8:31 ; 9:31 ; 10:33-34), mais il ne l'a pas beaucoup expliquée avant la Sainte Cène en Section Six (14:12-26, mais voir 10:45). Ici, l'effet miroir qui relie les passages a et a' nous enseigne la signification de la crucifixion.

Marc souligne la profondeur des souffrances de Jésus. Les coups des soldats, aux versets 16 à 20, et la flagellation qui les ont précédés (15), le rendent physiquement incapable de porter sa croix (21). Quand Marc écrit : « Ils conduisirent Jésus au lieu nommé Golgotha » (22), il utilise un mot très physique : ils doivent quasiment « le traîner », pas du tout parce qu'il ne veut pas y aller, mais parce qu'il n'en est plus capable. Au verset 23, il refuse l'anesthésie ; Jésus est résolu de ne rien faire pour atténuer sa souffrance pour nous.

« Ils le crucifièrent » (24). Marc ne nous donne pas une description physique des souffrances concernées, peut-être parce qu'il veut que nous nous concentrions sur autre chose. Les trois références à l'heure (25, 33, 34) peuvent nous aider à voir les choses comme Marc veut que nous les voyions.

D'abord, à partir de 9 heures, il y a trois heures de moquerie (25-32). Bien qu'il y ait trois hommes crucifiés (27), cette moquerie est dirigée contre Jésus : « Les passants l'injuriaient » (29). Les chefs religieux se réjouissent du spectacle (31-32), et même les brigands crucifiés à côté de Jésus trouvent la force de le railler (32b). Marc veut que nous voyions l'ironie des propos des souverains sacrificateurs, même si eux n'en sont pas conscients : « Il a sauvé les autres, et il ne peut se sauver lui-même ! » (31b) La vérité est, bien sûr, toute autre : c'est pour sauver les autres qu'il ne se sauve pas.

Puis, à partir de midi, il y a trois heures de ténèbres (33). Ce n'est pas une éclipse solaire, impossible à la période de Pâque, mais une intervention de Dieu qui produit des ténèbres anormales dans la création au moment même où meurt le Créateur (voir Jean 1:3 ; Col 1:16).

Puis, à trois heures, Jésus s'écrie « Éloï, Éloï, lama sabachthani ? » (34) que Marc traduit pour nous : « Mon Dieu, mon Dieu, pourquoi m'as-tu abandonné ? » La réponse ne nous est pas donnée, mais il n'y a qu'une seule chose qui peut séparer un homme ou une femme de Dieu : c'est le péché humain. Marc, pourtant, a souligné l'innocence de Jésus ; il veut donc que nous voyions que le péché qui sépare Jésus de son Père n'est pas le sien, mais le nôtre. Un innocent meurt à la place des pécheurs coupables.

Cette explication de la croix trouve sa confirmation dans le récit de Marc au moment où Jésus meurt : « Le voile du temple se déchira en deux, depuis le haut jusqu'en bas » (38). Le voile devant le lieu très saint séparait les adorateurs dans le temple de la présence de Dieu : leur péché rendait impossible l'accès à sa sainteté. Maintenant le voile n'est plus, parce que Jésus est mort.

Section Six: L'Amour (Marc 14:1-16:8) 83

Au travers de sa mort et du déchirement du voile, Dieu dit à quiconque l'écoutera : « Le prix a été payé ; tu peux alors y entrer. »

Le verset 39 nous raconte la réponse d'un homme présent à la crucifixion : « Le centenier, qui était en face de Jésus, voyant qu'il avait expiré de la sorte, dit : Assurément, cet homme était Fils de Dieu. » Ce soldat romain est la première personne dans l'évangile de Marc à comprendre cela au sujet de Jésus. En Section Un, le Père avait annoncé l'identité de Jésus à son baptême (voir 1:11) ; les forces du mal avaient également reconnu Jésus (voir 1:34 ; 3:11). Ici, pour la première fois, un homme appelle Jésus « Fils de Dieu ». Et chose extraordinaire, c'est un païen.

Vous souvenez-vous comment Marc ouvre son évangile ? « Commencement de l'évangile de Jésus-Christ, Fils de Dieu » (1:1). À la fin de la Section Trois, un premier homme a vu en Jésus le Messie : « Pierre lui répondit : Tu es le Christ » (8:29). Maintenant, vers la fin de la Section Six, un centenier romain dit : « Assurément, cet homme était Fils de Dieu ! » (15:39)

Nous ne savons ni combien il a compris, ni ce qu'il a voulu dire par ces mots. Mais Marc veut que nous reconnaissions que l'homme sur la croix n'est pas seulement un personnage tragique qui souffre injustement : il est le Fils éternel de Dieu qui meurt pour les péchés du monde. Marc veut que nous adorions le Christ, le Fils de Dieu.

Bloc C (15:40-16:8)

Les femmes à la croix (15:40-41)

C'est ici, encore une fois un texte sandwich. Les versets 42 à 46 racontent la mise au tombeau de Jésus. Avant et après cet évènement, Marc fait mention des femmes (40-41 ; 47). Elles sont plus fidèles que les hommes. Les apôtres ont abandonné Jésus, tandis que les femmes restent, veillant pendant qu'il meurt.

La mise au tombeau (15:42-47)

Marc nous parle de Joseph d'Arimathée, un membre du Conseil supérieur, jusqu'à maintenant un disciple secret « qui lui-même attendait aussi le royaume de Dieu » (43). Maintenant il trouve le courage de demander le corps de Jésus auprès de Pilate. À la fin du paragraphe il se déclare ouvertement disciple de Jésus. Marc encourage ses lecteurs à faire le même pas.

Le texte sandwich se termine au verset 47, lorsque deux des femmes remarquent l'emplacement du tombeau. La scène est prête pour le grand évènement du dimanche matin.

La résurrection (16:1-8)

Trois femmes vont au tombeau oindre le corps de Jésus, mais les aromates qu'elles ont apportés (voir 1) dans ce but ne serviront pas aujourd'hui. En Bloc A de cette section, nous avons vu que le corps de Jésus a déjà été oint pour la mise au tombeau (voir 14:3-9, surtout 8).

Le tombeau ouvert et l'apparition de l'ange (au verset 5, Marc le décrit comme ressemblant à un jeune homme) les remplissent de peur. Imaginez leurs réactions lorsqu'il leur donne la nouvelle étonnante que Jésus est ressuscité d'entre les morts. Avant qu'elles ne puissent l'assimiler, il leur donne une commission : « Mais allez dire à ses disciples et à Pierre qu'il vous précède en Galilée : c'est là que vous le verrez, comme il vous l'a dit » (7). Il est invraisemblable que les disciples aient compris ce message lorsqu'ils l'ont entendu pour la première fois (voir 14:28). Alors, ils l'entendront encore une fois.

Il y a aussi un message particulier pour Pierre. Si les deux mots « et Pierre » ne figuraient pas là, au verset 7, il aurait pu conclure que Jésus ne voulait plus de lui ; son arrogante vantardise (voir 14:29-31) et son lâche reniement (14:66-72) l'auraient certainement disqualifié pour être disciple de Jésus. Pourtant, Jésus ressuscité voit les choses différemment ! Il veut donner le pardon à Pierre et l'utiliser pour annoncer aux autres la bonne nouvelle du pardon de Dieu.

Le message, par contre, ne sera pas transmis tout de suite. Le dernier verset de la Section Six se trouve en 16:8 : « Elles sortirent du sépulcre et s'enfuirent. La peur et le trouble les avaient saisies ; et elles ne dirent rien à personne, à cause de leur effroi. » Cette désobéissance provisoire se comprend, mais elles ont néanmoins échoué dans leur devoir d'obéir à l'ange.

Nous, les lecteurs de l'évangile, n'avons pas peur. Nous savons que la résurrection est un fait de l'histoire, la confirmation que le message de la croix est vrai. À la fin de la Section Six, les femmes ont beaucoup de questions, tandis que la certitude de l'ange sert d'exclamation : « Il est ressuscité ! » (6).

Marc veut que nous passions du doute à la foi, pour que l'amour de Jésus nous transforme.

Apprendre l'évangile

Prenez le temps d'apprendre la Section Six ; je suis sûr que les premiers chrétiens l'ont fait.

Commencez, une fois encore, avec le Bloc B. Souvenez-vous que le premier passage (a) explique le dernier (a') : la Sainte Cène nous donne la significa-

Section Six: L'Amour (Marc 14:1-16:8) 85

tion de la crucifixion. Souvenez-vous aussi, que les évènements du Bloc B sont organisés par paires : la Sainte Cène nous conduit à la prédiction du reniement de Pierre ; la prière de Jésus à Géthsémané est suivie de son arrestation, là au même endroit ; pendant l'interrogatoire devant le Conseil supérieur, Pierre renie son Seigneur, dehors dans la cour ; le gouverneur romain livre Jésus aux soldats romains pour être crucifié.

Une fois que vous aurez retenu les évènements principaux du Bloc B, passez aux Blocs A et C. Le Bloc A est un texte sandwich haine-amour-haine, ce qui facilite la mémorisation. Le Bloc C commence avec un autre texte sandwich (femmes – mise au tombeau – femmes). Et il n'est pas trop difficile de nous rappeler que la section se termine avec la résurrection !

L'AMOUR

A	Les complots contre Jésus L'onction à Béthanie Les complots contre Jésus	5

B	a La Sainte Cène b La prédiction du reniement de Pierre	1

	c Le jardin de Géthsémané d L'arrestation de Jésus	2

	d' Le procès devant le Conseil supérieur c' Le reniement de Pierre	3

	b' Le procès devant Pilate a' La crucifixion	4

C	Les femmes à la croix La mise au tombeau La résurrection	6

A+C :	Le parfum / l'onction (14:8 / 16:1)
Logique de B :	organisé par paires

Rencontrer le Seigneur

En repassant dans votre esprit les évènements de la Section Six, veuillez prendre le temps de vous arrêter pour remercier Jésus de son amour à chaque pas du chemin qu'il a pris, et pour l'adorer. Demandez-lui de faire vivre ces évènements chez vous ; demandez-lui de toucher votre cœur de son amour ; demandez-lui de changer votre vie. Vous aurez peut-être envie de prier de ne pas être comme Pierre, mais comme la femme qui oint Jésus en Bloc A.

La reconnaissance de son amour pour nous devrait nous conduire à l'approfondissement de notre amour pour lui. Je prie que cela soit votre expérience lorsque vous vous ouvrez à Jésus ressuscité.

La Conclusion de Marc (Marc 16:9-20)

Est-ce vraiment la conclusion de Marc ? La plupart des théologiens pensent que les versets 9 à 20 ont été ajoutés tardivement à l'évangile : soit la conclusion originale a été perdue, soit Marc a arrêté d'écrire au verset 8. Il se peut que les théologiens aient raison. Quoi qu'il en soit, cette conclusion a été écrite très tôt.

Survoler l'ensemble

   a   L'apparition du Seigneur ressuscité (9-14)
   b   Le message du Seigneur qui envoie (15-18)
   c   Les disciples du Seigneur ressuscité (19-20)

Même si cette conclusion n'est pas l'œuvre de Marc, elle va bien avec l'introduction. En 1:1-8 et en 16:9-20, l'un des thèmes principaux est celui des témoins de la bonne nouvelle. Dans l'introduction, pourtant, ils *viennent* annoncer la bonne nouvelle, tandis qu'à la fin ils *partent* pour annoncer la bonne nouvelle. Dans l'introduction, les témoins sont Marc, les prophètes de l'Ancien Testament et Jean Baptiste ; dans la conclusion les témoins sont des disciples, les onze apôtres et nous qui croyons à leur message.

Décortiquer le texte

a – L'apparition du Seigneur ressuscité (16:9-14)

Il y a deux éléments importants ici. En premier, Jésus est vivant. Il se manifeste à Marie Madeleine (9-11, cf. Jean 20:10-18), à deux disciples en voyage à la campagne (12-13, cf. Luc 24:13-32) et aux onze apôtres (14, cf. Jean 20:26-29).

Le deuxième élément important est que les disciples ne croyaient pas que Jésus était vivant (11, 13). Jésus leur reproche (14) leur incrédulité.

b – Le message du Seigneur qui envoie (16:15-18)

Maintenant Jésus envoie les apôtres prêcher l'évangile partout dans le monde (15, cf. 1:1, 15 ; Matthieu 28:19). Le message est celui-ci : que la foi est indispensable pour être sauvé (16) ; la deuxième moitié du verset souligne que le baptême n'est pas la condition pour recevoir le salut.

Puis, Jésus promet de confirmer le message par des miracles ; la promesse ne concerne pas forcément chaque chrétien individuellement, mais l'église globalement (17-18).

c – Les disciples du Seigneur ressuscité (16:19-20)

Le verset 19 nous dit que Jésus est monté au ciel et qu'il siège à la droite du Père, la place d'autorité. Le verset 20 nous montre que l'incrédulité des apôtres s'est transformée en foi. Ils font ce que leur Seigneur leur a demandé et il promet de confirmer leur message.

Apprendre l'évangile

Vous n'avez qu'à apprendre les trois titres, qui sont dans un ordre logique.

Rencontrer le Seigneur

Repassez les versets 9-20 dans votre esprit. Adorez le Seigneur ressuscité et demandez-lui d'augmenter votre foi ; écoutez le Seigneur qui vous envoie, vous aussi, dans le monde pour partager la bonne nouvelle. Obéissez au Seigneur qui est monté au ciel en décidant d'aller là où il vous enverra.

Vous continuerez de redécouvrir Jésus et vous le connaîtrez mieux.

Ma Conclusion : L'expérience continue

J'espère qu'en lisant **Marc : L'Expérience**, vous avez pris le temps d'apprendre la structure de l'évangile. Si vous l'avez fait, vous avez alors entendu Jésus annoncer le message du royaume de Dieu. Vous l'avez regardé en démontrer la réalité dans ses paraboles et ses miracles. Vous l'avez vu former ses disciples, les aidant à le reconnaître comme Messie. Vous l'avez entendu leur enseigner ce que cela implique d'être un disciple, et leur expliquer qu'il devait souffrir, mourir et ressusciter. Vous l'avez regardé répondre aux attaques des chefs religieux, les avertissant du jugement de Dieu qui viendrait dans la destruction de leur temple. Et vous l'avez vu mourir sur la croix en tant que Sauveur du monde, et apparaître vivant à ses disciples pour les envoyer partout dans le monde avec la bonne nouvelle de l'évangile. J'espère que vous avez commencé à redécouvrir Jésus.

Par contre, il ne faut pas que ce processus s'arrête avec la fin de la lecture de ce livre. J'aimerais donc encore suggérer quelques façons d'utiliser l'évangile de Marc pour mieux connaître Jésus.

1. Utiliser l'évangile de Marc pour adorer et prier

Prenez une section de Marc. En la repassant dans votre esprit (sans votre Bible), ne vous contentez pas de vous souvenir seulement de l'ordre des évènements ; parlez plutôt à Jésus de ce qu'il dit et fait. Prenez le temps de profiter de sa présence : adorez-le pour sa puissance et son amour, et priez pour vous-même, en réfléchissant sur les évènements de la section.

2. Utiliser l'évangile de Marc pour vous aider à prier pour les autres

Parfois vous avez envie de prier pour un ami ou un membre de votre famille, mais vous n'êtes pas sûr de savoir comment prier. Pourquoi ne pas repasser dans votre esprit une section de l'évangile, tout en apportant cette personne particulière au Seigneur ?

Dans certains passages vous prierez pour qu'elle reconnaisse de plus en plus qui est Jésus et pourquoi il est venu ; quelquefois vous prierez pour qu'elle ne fasse pas les erreurs que les disciples ont faites ; parfois vous prierez pour qu'elle grandisse dans la foi et l'amour. L'évangile peut vous aider à prier pour les autres, qu'ils soient chrétiens ou pas.

3. Utiliser l'évangile de Marc pour marcher avec Marc

Faites de la marche (sans Bible) avec un ami qui a appris la structure de Marc. Racontez les passages à tour de rôle l'un à l'autre, comme si l'autre n'avait jamais lu l'évangile ; si vous n'arrivez pas à vous souvenir de la suite, ou si vous oubliez quelques détails, votre ami saura vous aider. Vous pouvez décider de réviser soit seulement la moitié de l'évangile, soit tout l'évangile, selon le temps que vous aurez à votre disposition, ou selon le nombre de sections que vous aurez apprises par cœur.

On peut aussi marcher avec Marc dans un groupe, mais si vous êtes plus de quatre ou cinq, vous aurez du mal à entendre ce qui est dit. La première fois que je suis allé marcher avec Marc, nous étions quinze à nous promener dans les Alpes autrichiennes. Nous nous sommes arrêtés à peu près toutes les cinq minutes pour former un cercle où une personne nous racontait le passage suivant. Les autres étaient là pour aider. Nous étions dehors pendant deux heures et demie et avions réussi à raconter tout l'évangile du début à la fin. Nous avions redécouvert Jésus.

4. Utiliser l'évangile de Marc dans un programme d'enseignement

Votre groupe de jeunes ou d'étudiants peut décider d'utiliser la structure de Marc dans son programme pendant un semestre. Vous choisirez dans ce cas une section par semaine, ou une section par mois, pour redécouvrir Jésus par le moyen d'un message ou d'une discussion en petits groupes. Quelques membres du groupe pourront aussi décider d'apprendre la structure pour eux-mêmes afin de mieux connaître Jésus.

Cela marcherait également dans le programme d'enseignement du dimanche dans l'église. Les responsables décideraient de faire une série de sermons dans l'évangile de Marc. Le premier sermon s'occuperait de l'introduction de Marc (1:1-8) pour susciter de l'enthousiasme dans l'assemblée afin de mieux connaître Jésus. Puis vous auriez deux ou quatres sermons sur chaque section.

5. Utiliser l'évangile de Marc dans un groupe de maison

Il est possible d'étudier tout l'évangile et de l'apprendre dans le cadre d'un groupe de maison. Il y a un schéma que vous pourriez utiliser dans l'Appendice 2.

6. Utiliser l'évangile de Marc comme évènement théâtral

La structure de Marc qui se trouve dans ce livre rend possible un évènement théâtral où serait présenté l'évangile entier. Une version nécessite entre 40 et 120 personnes divisées en six groupes ; chaque groupe présente une section de l'évangile. Dans l'autre version, une équipe de 15 personnes d'une église ou d'un groupe d'étudiants présente tout l'évangile. Il y a quelques détails dans l'Appendice 1 et plus d'informations sur le site internet de *Marc : L'Expérience* : http://www.themarkexperiment.com.

Je vous ai donné six idées pour utiliser l'évangile de Marc dans le but de mieux connaître Jésus, mais vous en trouverez d'autres. Mieux nous connaissons Jésus, plus nous l'éprouverons à l'œuvre chez nous, nous transformant et nous aidant à le suivre, et en plus nous serons mieux équipés pour partager la bonne nouvelle avec nos amis.

Je prie qu'en laissant Dieu agir dans votre vie, dans votre groupe d'étudiants, et dans votre église au travers de l'évangile de Marc, vous découvrirez Jésus.

Pour terminer ...

Être chrétien, c'est beaucoup plus que de croire un message : il s'agit de connaître Jésus, le Christ, le Fils de Dieu. Je suis convaincu que c'est l'une des raisons pour lesquelles Marc a écrit son évangile. Il veut que nous voyions Jésus plus clairement.

Nous pouvons demander à Jésus de nous ouvrir les yeux de notre esprit et notre cœur, tout comme il a ouvert les yeux physiques des aveugles dans l'évangile (voir 8:22-26 ; 10:46-52).

Un jour, bientôt, tous ceux qui connaissent Jésus le verront dans la gloire que Pierre, Jacques et Jean ont vue à la Transfiguration. Alors, nous lui ressemblerons.

Avec son aide, nous pouvons connaître ce Seigneur glorifié ici et maintenant.

Appendice 1 :
Comment organiser et mettre en scène
Marc : L'Évènement

L'Évènement est une présentation de l'évangile de Marc où tous les passages sont joués. Vous trouverez plus d'informations à ce sujet sur le site internet http://www.themarkexperiment.com. Ce qui suit est écrit pour stimuler votre intérêt.

L'Évènement, c'est du théâtre en rond ; il n'y a pas besoin de costumes, d'accessoires ou de microphones. Il y a deux versions.

1. La version interactive

Entre 40 et 120 chrétiens, répartis en six groupes, se réunissent pendant un samedi entier. Chaque groupe reçoit une des six sections de Marc. Les membres du groupe l'étudient et décident comment la présenter au groupe entier. Puis ils répètent leur section (en rond) jusqu'à ce que cela se passe bien.

Le même soir tous les six groupes se retrouvent pour jouer *L'Évènement*. Après une courte prière pour la bénédiction du Seigneur, le responsable de *L'Évènement* raconte l'introduction de Marc (1:1-8). Puis, sans aucun entracte, le premier groupe joue la Section Un, suivi du deuxième groupe, et ainsi de suite, toujours sans entracte. À la fin de la Section Six, le responsable de *L'Evénement* raconte la conclusion de Marc (16:9-20). Tout se passe sans Bibles et sans notes, ce qui n'est pas difficile, parce que chaque groupe connaît sa section.

À la fin de l'évangile il y a un bref moment d'adoration et de prière.

Pour la plupart des personnes concernées, jouer ne leur est ni naturel ni facile, mais la version interactive de *L'Évènement* est une expérience forte de la communion fraternelle ; tout le monde travaille ensemble dans le but de présenter tout l'évangile de Marc. J'ai trouvé qu'il valait mieux limiter l'assistance aux personnes impliquées dans les groupes.

Il y a beaucoup plus d'informations au sujet de l'organisation de cette version sur le site internet.

2. La version en équipe

Cette version de *L'Évènement* demande une équipe de 15 personnes d'une église ou d'un groupe d'étudiants qui présente tout l'évangile de Marc comme une pièce de théâtre en rond. Le but est d'accueillir d'autres person-

Appendice 1 : Comment organiser et mettre en scène Marc

nes à *L'Évènement* ; c'est une occasion merveilleuse pour inviter des amis à vivre toute l'histoire de Jésus. Après *L'Évènement*, des exemplaires gratuits de Marc sont disponibles ; les gens peuvent être invités dans des groupes de découverte de Marc.

Au moins deux mois avant *L'Évènement*, une soirée d'informations est organisée pour tous ceux qui pensent devenir membres de l'équipe, et qui veulent savoir à quoi ils s'engagent. S'il y a suffisamment de membres pour former une équipe, ils auront six semaines pour apprendre l'ordre des évènements de tout l'évangile, ce qui n'est pas difficile avec l'aide de ce livre.

Il n'y a que trois répétitions, dont la première a lieu le jeudi soir avant l'évènement, la deuxième le vendredi soir et la troisième le samedi de 9h00 à 15h30. *L'Évènement* aura lieu le soir du même jour.

La version en équipe de *L'Évènement* n'est possible qu'avec un metteur en scène spécialement formé. Plusieurs de ces metteurs en scène sont aptes et disponibles pour animer des soirées d'information et pour préparer *L'Évènement*. Il y a aussi des jours de formation pour ceux qui auront envie de devenir eux-mêmes metteurs en scène.

De plus amples informations sur la version en équipe sont données sur le site internet consacré à *L'Évènement*.

Appendice 2 :
Marc : L'Expérience en groupe de maison

La série d'études ci-dessous dure 13 semaines et est conçue pour une utilisation en groupes. Beaucoup de gens trouvent qu'il est plus facile d'apprendre l'évangile de Marc de cette manière, et cela leur permet de profiter de l'évangile tout en travaillant avec d'autres personnes.

Quelques astuces pour les responsables de groupe

1. Le but doit être clair : nous étudions *Marc : L'Expérience* pour mieux connaître Jésus Christ.
2. Essayez de créer une ambiance où les gens se sentent à l'aise, pour qu'ils trouvent agréable d'apprendre l'évangile par cœur plutôt que de s'en inquiéter.
3. Il serait pratique d'avoir un poster pour chacune des six sections, aussi alors que pour l'Introduction de Marc (1:1-8). Le groupe peut copier la Section ou bien chacun peut utiliser son propre exemplaire de *Marc : L'Expérience*.
4. L'explication de la structure de chaque section se trouve dans le livre, sous le titre : "Survoler l'ensemble".
5. Une pause entre les semaines 7 et 8 serait pratique pour réviser la première partie de l'évangile.
6. À la prière pour les besoins personnels et pour l'expansion de l'évangile dans le monde, peuvent s'ajouter des prières inspirées de la Section de Marc étudiée dans le groupe.
7. Il serait bon de proposer une *marche avec Marc* (voir *Ma Conclusion*), soit en groupe, soit à deux ou à trois.
8. Priez pour le groupe, pour que le fait de faire l'expérience ensemble conduise à une rencontre avec Jésus.

Treize semaines dans l'évangile de Marc

Semaine Un

Explication de l'expérience : présentez la structure de l'évangile en utilisant la section Deux comme exemple (*Mon Introduction* dans *Marc : L'Expérience*).

Pourquoi apprendre l'évangile ?

Le but de l'expérience : mieux connaître Jésus.

Lisez l'Introduction de Marc (1:1-8).

Utilisez les questions suivantes pour étudier le passage :

1. Pourquoi Marc a-t-il écrit son évangile ? De quoi désire-t-il nous convaincre ?
2. Pourquoi Jean Baptiste est-il si important dans ces versets ?
3. Quels sont les points les plus importants dans les passages de Malachie et d'Ésaïe ?
4. Quelle est la chose la plus importante dans le message de Jean ?
5. Les trois principaux passages de l'Ancien Testament où Dieu promet une nouvelle alliance sont Jérémie 31:31-34, Ézéchiel 36:25-27 et Joel 2:28-32. À votre avis, quel est le passage auquel pense Jean Baptiste ici ?
6. Qu'est-ce que Marc veut que ses lecteurs ressentent à la fin du verset 8 ?

Apprenez l'Introduction de Marc ensemble (c'est-à-dire les cinq titres).

Priez ensemble.

Semaine Deux

Est-ce que quelqu'un connaît l'Introduction de Marc par cœur ?

Section Un (1:9-3:12)

    Explication de la structure

    Lecture de la section

    Deuxième explication de la structure

Étudiez la section en utilisant les questions ci-dessous :

Questions sur la Section Un :

1. Pourquoi les gens s'enthousiasment-ils tant pour Jésus dans cette section ?
2. Quelles sont les raisons qui ont motivé la décision des Pharisiens en 3:6 ? (voir 2:1-3:6)
3. Comment pourrions-nous décrire Jésus dans cette première section de l'évangile ? Quelles sont ses priorités ? En quoi cela nous regarde-t-il ?
4. Le titre de cette section est Le Message. Combien de fois Jésus prêche-t-il son message dans cette section ? Pourquoi ?
5. Pourquoi Jésus fait-il des miracles dans cette section ?

6. En 1:16-20, Jésus appelle ses quatre premiers disciples. Selon vous, comment ont-ils réagi à la fin de la section, après avoir vu et entendu tant de choses ?

Apprenez la section ensemble (en commençant avec le Bloc B).

Encouragez le groupe à l'utiliser au cours de la semaine à venir.

Priez ensemble.

Semaine Trois

La Section Un ; mieux la connaître.

Est-ce que quelqu'un connaît la Section Un par cœur ?

Est-ce que quelqu'un a des questions sur cette section ?

Revoyez ensemble les passages étudiés.

Étudiez quelques passages de façon plus détaillée, si vous avez le temps.

Priez, en utilisant la section, passage par passage.

Semaine Quatre

Est-ce que quelqu'un se souvient de l'introduction de Marc ?

Est-ce que quelqu'un connaît la Section Un par cœur ?

La Section Deux (3:13-6:6)
> Explication de la structure
> Lecture de la section
> Deuxième explication de la structure

Étudiez la section en utilisant les questions ci-dessous :

Questions sur la Section Deux :

1. Pourquoi Jésus a-t-il appelé les apôtres ?
2. Pourquoi les disciples se sentiraient-ils mal à l'aise à la fin du chapitre 3 ?
3. Comment les quatre paraboles encourageraient-elles des disciples anxieux ?
4. Les quatre miracles nous montrent que Jésus est Seigneur dans quatre domaines de la vie. Lesquels ? Qu'est-ce que nous pouvons apprendre de ces observations ?
5. Comment Jésus réagit-il face à l'opposition ? Pourquoi ?

Apprenez la section ensemble (en commençant avec le Bloc B).

Encouragez le groupe à l'utiliser au cours de la semaine à venir.

Priez ensemble.

Appendice 2 : *Marc : L'Expérience* en groupe de maison

Semaine Cinq

La Section Deux ; mieux la connaître.

Est-ce que quelqu'un connaît la Section Deux par cœur ?

Est-ce que quelqu'un a des questions sur cette section ?

Revoyez ensemble les passages étudiés.

Étudiez quelques passages de façon plus détaillée, si vous avez le temps.

Priez, en utilisant la section, passage par passage.

Semaine Six

Est-ce que quelqu'un se souvient de l'Introduction de Marc ?

Est-ce que quelqu'un connaît la Section Un par cœur ?

Est-ce que quelqu'un connaît la Section Deux par cœur ?

La Section Trois (6:7-8:30)

    Explication de la structure

    Lecture de la section

    Deuxième explication de la structure

Étudiez la section en utilisant les questions ci-dessous :

Questions sur la Section Trois :

1. Le thème de la Section Trois est La Formation. Combien de fois voyons-nous Jésus former les disciples dans cette section ?
2. Regardez le texte sandwich en 6:7-33. Où est le lien entre « le pain » et « la garniture » ?
3. Le deuxième texte sandwich de cette section se trouve en 8:14-30. Où est le lien entre « le pain » et « la garniture » cette fois ?
4. En 8:15, Jésus met en garde les disciples contre le levain des Pharisiens et d'Hérode. Comment la section entière explique-t-elle ce que Jésus veut dire ? Que pourrions-nous faire pour prendre au sérieux 8:15 ?
5. Est-ce Jésus trouve facile de former ses disciples ? Que ressent-il, selon vous, quand Pierre lui dit : « Tu es le Christ » (8:29).

Apprenez la section ensemble (en commençant avec le Bloc B).

Encouragez le groupe à l'utiliser au cours de la semaine à venir.

Priez ensemble.

Semaine Sept

La Section Trois ; mieux la connaître.

Est-ce que quelqu'un connaît la Section Trois par cœur ?

Est-ce que quelqu'un a des questions sur cette section ?

Revoyez ensemble les passages étudiés.

Étudiez quelques passages de façon plus détaillée, si vous avez le temps.

Priez, en utilisant la section, passage par passage.

Semaine Huit

Est-ce que quelqu'un se souvient de l'Introduction de Marc ?

Est-ce que quelqu'un connaît les Sections Un, Deux et Trois par cœur ?

La Section Quatre (8:31-10:52)

    Explication de la structure

    Lecture de la section

    Deuxième explication de la structure

Étudiez la section en utilisant les questions ci-dessous :

Questions sur la Section Quatre :

1. Pourquoi, selon vous, les disciples ne comprennent-ils pas ce que Jésus veut dire lorsqu'il prédit ses souffrances, sa mort et sa résurrection ?
2. Pourquoi n'y a-t-il que deux miracles dans cette section ? Qu'ont-ils en commun ?
3. Regardez les trois erreurs de 9:33-50. Laquelle des trois est la plus dangereuse pour nous aujourd'hui ?
4. Pourquoi la Transfiguration était-elle un évènement clé dans l'expérience de Pierre, Jacques et Jean ?
5. Comment ces trois disciples se comportent-ils dans le reste de la section ? Comment pourrions-nous les décrire ?

Apprenez la section ensemble (en commençant avec le Bloc B).

Encouragez le groupe à l'utiliser au cours de la semaine à venir.

Priez ensemble.

Semaine Neuf

La Section Quatre ; mieux la connaître.

Est-ce que quelqu'un connaît la Section Quatre par cœur ?

Appendice 2 : *Marc : L'Expérience* en groupe de maison

Est-ce que quelqu'un a des questions sur cette section ?

Revoyez ensemble les passages étudiés.

Étudiez quelques passages de façon plus détaillée, si vous avez le temps.

Priez, en utilisant la section, passage par passage.

Semaine Dix

Est-ce que quelqu'un se souvient de l'introduction de Marc ?

Est-ce que quelqu'un connaît les Sections Un, Deux, Trois et Quatre par cœur ?

La Section Cinq (11:1-13:37)

    Explication de la structure

    Lecture de la section

    Deuxième explication de la structure

Étudiez la section en utilisant les questions ci-dessous :

Questions sur la Section Cinq :

1. Comment décririons-nous les chefs religieux dans cette section ?
2. Qui parmi l'élite religieuse fait l'exception? En quoi est-il différent ?
3. Essayez d'imaginer l'effet produit sur Jésus en 12:6-8. Quel effet le verset 9 a-t-il pu produire sur les chefs religieux, selon vous ?
4. Regardez le texte sandwich en 11:12-25. Où est le lien entre « le pain » et « la garniture » ?
5. Pensez-vous que cela était une expérience positive ou négative pour Pierre, Jacques et Jean d'entendre les paroles de Jésus au chapitre 13 ?

Apprenez la section ensemble (en commençant avec le Bloc B).

Priez ensemble.

Semaine Onze

La Section Cinq ; mieux la connaître.

Est-ce que quelqu'un connaît la Section Cinq par cœur ?

Est-ce que quelqu'un a des questions sur cette section ?

Revoyez ensemble les passages étudiés.

Étudiez quelques passages de façon plus détaillée, si vous avez le temps.

Priez en utilisant la section passage par passage.

Semaine Douze

Est-ce que quelqu'un se souvient de l'introduction de Marc ?

Est-ce que quelqu'un connaît les Sections Un, Deux, Trois, Quatre et Cinq par cœur ?

La Section Six (14:1-16:8)

    Explication de la structure

    Lecture de la section

    Deuxième explication de la structure

Étudiez la section en utilisant les questions ci-dessous :

Questions sur la Section Six :

1. Quels sont les gens dans cette section qui sont fidèles à Jésus ? Lesquels ne le sont pas ?
2. Essayez d'imaginer l'effet de chacun de ces passages de la Section Six sur Jésus.
3. Comment la Sainte Cène explique-t-elle la signification de la crucifixion ?
4. Regardez Jésus devant le Conseil supérieur, puis devant Pilate. Quelles sont les questions auxquelles il répond ? Celles auxquelles il ne répond pas ? Pourquoi ?
5. Pourquoi les mots « et Pierre » en 16:7 sont-ils importants ? Que pouvons-nous en apprendre ?

Apprenez la section ensemble (en commençant avec le Bloc B).

Priez ensemble.

Semaine Treize

La Section Six ; mieux la connaître.

Est-ce que quelqu'un connaît la Section Six par cœur ?

Lisez la *Conclusion de Marc* ensemble (16:9-20) et regardez les trois titres.

Revoyez ensemble les histoires.

Étudiez quelques passages de façon plus détaillée, si vous avez le temps.

Priez, en utilisant la section, passage par passage.

Appendice 3 :
Les liens miroir de tous les Blocs B

Parfois ces liens sont évidents, parfois ils le sont moins. Parfois ils nous montrent des similitudes, parfois des contrastes. Vous ne serez pas convaincu(e) de tous les liens que je propose. J'ai tout simplement regroupé les liens ci-dessous tant que je les vois. J'apprends encore !

Section Un, Bloc B

- a et a' S'accomplissent tous les deux pendant le Sabbat, sans opposition (a) et avec opposition (a'). Dans les deux passages, Jésus enseigne avec autorité.
- b et b' traitent de l'identité de Jésus (1:34 et 2:19).
- c et c' nous rappellent pourquoi Jésus est venu : pour prêcher (1:38), et pour appeler des pécheurs (2:17).
- d et d' traitent tous deux de la relation de Jésus avec le Judaïsme officiel : Jésus s'y soumet (d) et Jésus y est confronté (d').

Section Deux, Bloc B

- a et a' Lorsque la Parole de Dieu est annoncée, différentes réponses sont possibles (4:14-20 et 5:39-40)
- b et b' Les choses cachées sont découvertes (4:22 et 5:30-34)
- c et c' L'expression *nuit et jour* en 4:27 et 5:5 montre d'une part que le royaume est constamment en croissance (c), d'autre part que le mal est constamment à l'œuvre pour détruire les êtres humains (c').
- d et d' Les petits commencements conduiront un jour à un grand résultat. Le petit commencement pourrait être cette question des disciples en d' (4:41), mais plusieurs de l'église primitive voyaient le bateau comme une image de l'église surmontant toutes les vagues et croissant sans cesse.

Section Trois, Bloc B

- a et a' Jésus nourrit deux grandes foules, l'une juive (a), l'autre païenne (a').
- b et b' Les gens sont émerveillés au sujet de Jésus (6:51 et 7:37)

- c et c' Jésus peut guérir soit par contact personnel (6:56), soit à distance (7:29-30).
- d et d' C'est le conflit avec les chefs juifs.

Section Quatre, Bloc B

- a et a' Jésus va mourir et ressusciter (9:31) ; les disciples souffriront dans cette vie, mais auront la vie éternelle dans la prochaine vie (10:30).
- b et b' Il s'agit ici du statut, trop important pour les disciples (b) et pour le jeune homme riche (b'). Un autre lien pourrait convenir pour la mémorisation : celui des enfants (9:37 et 10:24).
- c et c' Les disciples essayent d'empêcher quelque chose, mais Jésus leur en fait le reproche (9:39 et 10:14).
- d et d' Le pouvoir destructeur du péché (d) peut aussi détruire le mariage (d').

Section Cinq, Bloc B

- a et a' L'arrogance des chefs juifs (a) contraste avec l'humilité de la veuve (a'). Tout ce qu'ils ont à proposer se résume à deux questions dont le but est de détruire Jésus. A l'opposé, l'offrande des deux pièces de la veuve glorifie Dieu.
- b et b' La sévérité de la punition divine retombera sur les chefs religieux (12:9 et 12:40).
- c et c' Deux questions auxquelles on ne peut pas répondre sont posées : l'une par les chefs juifs (c), l'autre par Jésus (c'). (Jésus, pourtant, parvient à répondre à la leur !)
- d et d' Une question malhonnête (d) contraste avec une question honnête (d'). Les Sadducéens ne connaissent pas les Écritures (12:24), à la différence du scribe qui les connaît bien (12:32-34).

Section Six, Bloc B

- a et a' La Sainte Cène (a) explique la croix (a').
- b et b' L'infidélité des disciples (b) contraste avec la fidélité et la persévérance de Jésus (b').

c et c' Jésus avertit Pierre des dangers de la négligence de la prière (c) ; Pierre démontre les fruits de cette négligence (c'). Jésus prie trois fois (c) ; Pierre échoue trois fois (c').

d et d' L'infidélité des disciples (d) contraste encore une fois avec la résolution de Jésus malgré la pression (d').

Appendice 4 :
La Structure de l'évangile de Marc

L'introduction de Marc (Marc 1:1-8)

    a Le témoignage de Marc concernant Jésus (1)
    b Le témoignage des prophètes de l'Ancien Testament (2-3)
    c Le baptême de Jean suscite beaucoup d'intérêt (4-5)
    b' Jean ressemble à un prophète de l'Ancien Testament (6)
    a' Le témoignage de Jean concernant Jésus (7-8)

Section Un : Le Message (Marc 1:9-3:12)

Bloc A (1:9-20)

Le baptême et la tentation de Jésus (9-13)
Jésus annonce la bonne nouvelle (14-15)
Jésus appelle les premiers disciples (16-20)

Bloc B (1:21-2:28)

    a 1:21-28 Jésus chasse un démon
    b 1:29-34 Jésus guérit la belle-mère de Simon et d'autres personnes
    c 1:35-39 Jésus dit que sa priorité est d'enseigner
    d 1:40-45 Jésus guérit un homme lépreux
    d' 2:1-12 Jésus guérit un homme paralysé
    c' 2:13-17 Jésus appelle Lévi et mange avec des gens de mauvaise vie
    b' 2:18-22 Jésus prédit la rupture radicale avec le Judaïsme
    a' 2:23-28 Jésus est maître du sabbat

Bloc C (3:1-12)

Jésus provoque de l'opposition en guérissant le jour du sabbat (3:1-6)
Jésus bénéficie d'une popularité grandissante (3:7-12)

Appendice 4 : La Structure de l'évangile de Marc

Section Deux : La Puissance (Marc 3:13-6:6)

Bloc A (3:13-35)
    Nomination des douze apôtres (13-19)
    Opposition de la part de la famille (20-21)
    Opposition de la part des chefs religieux (22-30)
    Encore de l'opposition de la part de la famille (31-35)

Bloc B (4:1-5:43)
a	4:1-20	Parabole : Le semeur
b	4:21-25	Parabole : La lampe
c	4:26-29	Parabole : La semence
d	4:30-34	Parabole : Le grain de moutarde
d'	4:35-41	Miracle : La tempête apaisée
c'	5:1-20	Miracle : Le démoniaque guéri
b'	5:25-34	Miracle : La guérison de la femme malade
a'	5:21-43	Miracle : La résurrection de la fille de Jaïrus

Bloc C (6:1-6)
    Opposition de la part de sa patrie et de sa famille (1-6)

Section Trois : La Formation (Marc 6:7-8:30)

Bloc A (6:7-33)
    Jésus envoie les douze apôtres (7-13)
    La mort de Jean Baptiste (14-29)
    Le retour des douze apôtres auprès de Jésus (30-33)

Bloc B (6:34-8:10)
a	6:34-44	Jésus nourrit 5.000 personnes
b	6:45-52	Jésus marche sur les eaux
c	6:53-56	Jésus guérit à Génésareth
d	7:1-13	Parole de Dieu et tradition d'hommes
d'	7:14-23	Qu'est-ce qui rend impur ?
c'	7:24-30	Jésus et la femme cananéenne
b'	7:31-37	Jésus guérit un homme sourd et muet
a'	8:1-10	Jésus nourrit 4.000 personnes

Bloc C (8:11-30)
    Les Pharisiens demandent un signe (11-13)
    La perplexité des disciples (14-21)
    L'aveugle guéri en deux étapes (22-26)
    La confession de Pierre (27-30)

Section Quatre : Le Prix (Marc 8:31-10:52)

Bloc A (8:31-9:29)
La première prédiction (8:31-33)
L'appel à suivre Jésus (8:34-9:1)
La transfiguration (9:2-13)
Jésus chasse un démon (9:14-29)

Bloc B (9:30-10:31)

a	9:30-32	La deuxième prédiction
b	9:33-37	« C'est moi, le plus grand ! »
c	9:38-41	« C'est nous, les seuls vrais ! »
d	9:42-50	« Cela ne fait rien, le péché ! »
d'	10:1-12	Attitudes vis-à-vis du mariage
c'	10:13-16	Attitudes vis-à-vis des enfants
b'	10:17-27	Attitudes vis-à-vis des possessions
a'	10:28-31	La récompense de tout disciple

Bloc C (10:32-52)
La troisième prédiction (32-34)
La demande de Jacques et Jean (35-45)
La guérison de l'aveugle Bartimée (46-52)

Section Cinq : Le Jugement (Marc 11:1-13:37)

Bloc A (11:1-25)
Jésus entre dans Jérusalem (1-11)
Jésus maudit le figuier (12-14)
Jésus fait évacuer le temple (15-19)
Jésus tire du figuier des leçons sur la prière (20-25)

Bloc B (11:27-12:44)

a	11:27-33	L'autorité de Jésus mise en question
b	12:1-12	La parabole des vignerons
c	12:13-17	L'impôt à César
d	12:18-27	Le mariage à la résurrection
d'	12:28-34	Le plus grand des commandements
c'	12:35-37	La question concernant le Messie
b'	12:38-40	L'avertissement concernant les scribes
a'	12:41-44	L'offrande de la veuve

Bloc C (13:1-37)
La destruction du temple et la fin du monde (1-37)

SECTION SIX : L'AMOUR (Marc 14:1-16:8)

Bloc A (14:1-11)
Les complots contre Jésus (1-2)
L'onction à Béthanie (3-9)
Les complots contre Jésus (10-11)

Bloc B (14:12-15:39)
a	14:12-26	La Sainte Cène
b	14:27-31	La prédiction du reniement de Pierre
c	14:32-42	Le jardin de Géthsémané
d	14:43-52	L'arrestation de Jésus
d'	14:53-65	Le procès devant le Conseil supérieur
c'	14:66-72	Le reniement de Pierre
b'	15:1-15	Le procès devant Pilate
a'	15:16-39	La crucifixion

Bloc C (15:40-16:8)
Les femmes à la croix (15:40-41)
La mise au tombeau (15:42-47)
La résurrection (16:1-8)

LA CONCLUSION DE MARC (Marc 16:9-20)

a L'apparition du Seigneur ressuscité (9-14)
b Le message du Seigneur qui envoie (15-18)
c Les disciples du Seigneur ressuscité (19-20)

Espoir pour l'Europe

66 Propositions

par

Thomas Schirrmacher

Comment pouvons-nous démontrer la base biblique de notre espérance et la soutenir aussi bien devant les chrétiens engagés que devant les non-croyants? Comment pouvons-nous affirmer nos espoirs devant les Membres d'un Parlement, devant les hommes d'affaires et les mamans? Comment-pouvons nous élever le drapeau de l'espérance dans un monde se noyant dans le désespoir et le pessimisme?

Nous sommes donc très heureux de présenter les propositions du Thomas Schirrmacher. Ces déclarations allient notre désir d'ouvrir le trésor d'un espoir biblique pour beaucoup de théologiens et de laïcs, et de les encourager à réfléchir sur le sujet.

86 pages ▪ 8,-- € / 15,-- CHF
ISBN 978-3-933372-78-9

VTR ▪ Gogolstr. 33 ▪ 90475 Nürnberg ▪ Allemagne
info@vtr-online.eu ▪ http://www.vtr-online.eu

www.ingramcontent.com/pod-product-compliance
Lightning Source LLC
LaVergne TN
LVHW021714080426
835510LV00010B/998